DES EFFETS

DE LA LIBERTÉ

Paris. — Typographie de Ad. Lainé et J. Havard, rue des Saints-Pères, 19.

DES EFFETS

DE

LA LIBERTÉ

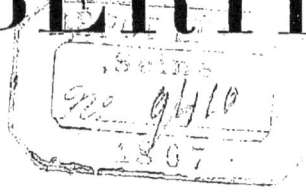

PARIS

LIBRAIRIE DE AD. LAINÉ

RUE DES SAINTS-PÈRES, 19

1868

DES EFFETS

LA LIBERTÉ.

———

Il n'y a pas encore un siècle que Siéyès, dans une brochure célèbre, élevant la voix au nom d'une fraction considérable du peuple français, demandait : « Qu'est-ce que le Tiers? Rien. Que veut-il être? Quelque chose. »

Tel n'est certes plus l'état des choses.

Un événement immense dans le monde, la Révolution française, sépare notre temps de celui où Siéyès, exprimant ainsi le sentiment public, formulait ces vœux modestes. Les antiques institutions de la France ont été renversées, un ordre nouveau d'idées et de choses y a fait place.

Ce n'est plus le Tiers, c'est la nation tout entière aujourd'hui qui a reconquis ses droits, qui a fait son avénement par trois révolutions.

Elle est tout, elle peut tout.

Elle est le souverain.

1

Elle se gouverne au moyen du suffrage universel et de la délégation.

Ses destinées sont dans ses mains ; elle ne peut imputer qu'à elle-même sa bonne ou mauvaise fortune.

Situation pleine de grandeur sans doute, mais aussi pleine de périls.

Pleine de grandeur, à la condition que le suffrage soit libre et éclairé.

Dans ce cas, il est un principe de force pour la nation.

S'il n'était pas libre, la souveraineté serait une fiction, la plus dangereuse des fictions.

Il serait alors un principe destructeur, une cause de démoralisation.

Mais, s'il n'est pas éclairé, sera-t-il libre en tant que ce mot s'applique à l'homme accomplissant un acte de cette importance?

Une volonté aveugle est-elle libre ?

Dans ce cas, il y aura liberté théorique; mais la liberté pratique, effective, de l'homme n'existe pas.

Un vote est une décision, et quelquefois la solution d'un problème. Quel est donc l'intérêt de voter pour celui qui ne sait rien sinon qu'il jette une boule dans une urne? pour celui qui ignore les conséquences de son vote?

Il aurait intérêt à ne pas voter, pour ne pas donner un vote qui peut être le jouet de la surprise et de la ruse.

S'il n'est pas éclairé, il constitue pour le pays un danger général et permanent.

D'un bout de la France à l'autre, tous les votes ont le même poids dans la balance nationale. L'homme dans la position sociale la plus infime, celui dont l'intelligence est la plus bornée, ont la même valeur légale que l'homme dans la plus haute position sociale, que l'homme de génie ; l'homme de l'ignorance la plus profonde a la même valeur que l'homme qui a le plus vaste savoir. Abstraction absolue est faite, pour l'acte de la souveraineté, de la position sociale de l'homme, de ses lumières, de sa capacité, de son ineptie : tout Français est une partie aliquote du souverain. Mais ce qu'aucune disposition de la loi ne peut faire, c'est que l'homme qui n'est pas éclairé donne un vote éclairé ; c'est de faire qu'un million, des millions de votes non éclairés, soient un vote éclairé.

Il résulte de là qu'une décision nationale mal éclairée peut, un jour venu, lancer le navire sur des écueils. Cette situation est de nature, ce semble, à éveiller tous les patriotismes.

Dans ce système, le vote de l'Institut, qu'on considère justement comme la plus haute expression des lumières de la nation et du siècle, n'a pas plus de valeur que celui d'un très-petit village où personne ne sait lire ni écrire, n'entend pas même le français.

Pourtant que s'est-on proposé ?

Assurément, ce n'est pas de faire courir à la société

des dangers ; c'est, au contraire, de l'affermir profondément, en l'asseyant sur la plus large base.

Mais nul n'a le droit de jouer à pile ou face le sort de ses concitoyens et de sa patrie, et c'est ce qu'il fera cependant si son vote n'est pas éclairé.

Ce millionième du souverain, si la fantaisie lui prenait de vouloir exercer la médecine, d'être pharmacien, de plaider ou conduire un navire, ne le pourrait; on exigerait de lui, dans ces cas, des connaissances spéciales, une certaine capacité, et cependant le mal qu'il pourrait faire serait borné, de peu de durée, son ignorance serait vite reconnue; mais il pourrait faire, en attendant, quelques victimes, et on a raison de vouloir éviter ce danger.

Par des motifs analogues, plus ou moins fondés, on trouve sage d'entourer de précautions minutieuses une foule de professions où l'exercice de la souveraineté est infiniment moins redoutable, puisqu'il ne fera courir de dangers qu'à quelques individus, tandis que l'on ne conteste plus son plein droit, lorsqu'il peut faire courir un danger à la société tout entière.

Cependant suffit-il de la volonté de bien faire? La conscience, la raison, ne font-elles pas au citoyen un devoir de s'éclairer, de ne pas compromettre les intérêts de sa patrie, d'y apporter la même gravité qu'il apporterait dans ses affaires privées?

Il est infiniment intéressé à bien savoir de quoi il s'agit, le rôle qu'il joue, l'importance de son vote, la responsabilité qu'il encourrait si des considérations étrangères aux grands intérêts qu'il doit décider l'influençaient.

La politique exigerait-elle moins de connaissances que les états manuels, qui nécessitent cependant encore un apprentissage?

Alors pourquoi exigerait-on des connaissances, une aptitude pour les fonctions publiques?

L'exercice de la souveraineté impose, croyons-nous, la connaissance des principes politiques; elle rend obligatoire une étude qui auparavant n'était abordée que par un petit nombre d'intéressés, ou par des hommes ayant un goût particulier pour ces travaux.

La nécessité d'une science politique est devenue, avec les institutions modernes, une affaire d'intérêt général.

Mais où est cette science, où en sont les principes seulement? Cette science est encore à créer, car on ne peut donner ce nom à des déclamations sur la politique, quelque brillantes qu'elles soient. Tout au plus peut-on reconnaître un empirisme politique avancé, si l'on veut, mais on ne voit là rien encore qui ait les caractères de précision, de fixité de la science.

Il ne s'agit pas seulement pour un peuple de reconquérir ses droits momentanément; il faut encore les conserver. Pour cela, il faut qu'il connaisse bien la nature de ces droits, comment on les lui a ravis, comment il les a recouvrés par plusieurs siècles d'efforts, ce qu'il doit faire s'il veut les assurer.

Comment les sciences physiques ont-elles pu accomplir les merveillenx progrès dont nous sommes les témoins?

N'est-ce pas en abandonnant l'ancienne méthode pour adopter une méthode plus parfaite? n'est-ce pas en substituant à l'autorité, à la scolastique, à la rhétorique, l'observation et l'analyse, qu'on s'est élevé à la science?

Pourquoi n'appliquerait-on pas à la politique l'instrument qui a donné ces résultats?

L'ancienne méthode est sans doute plus commode. Elle permet à peu de frais des digressions éloquentes auxquelles tout le monde peut se livrer. On invente des théories ingénieuses, séduisantes. L'imagination peut créer des systèmes comme la baguette des fées créait des palais enchantés. Mais, après, quelle en est la valeur? Les produits de l'imagination sont nécessairement des rêves. L'immuable vérité procède d'une autre source : la raison et l'observation. La méthode scientifique est pénible, sa marche est lente. Elle procède en interrogeant patiemment les faits, dont elle déduit de légitimes conséquences, des lois; mais elle formule les propositions, les théorèmes irréfragables de la science, qui permettent ensuite une marche sûre, un enchaînement rapide de progrès.

Elle dégage, allant au fond même des choses, les mots des artifices du langage. Elle les dépouille soigneusement de la pompe dont une rhétorique habile les décore comme d'une pourpre qui leur donne l'aspect auguste de la vérité, tandis qu'ils ne recouvrent souvent que le vide et le mensonge. Dédaignant les utopies, elle poursuit invinciblement, sans distraction comme sans trouble, sa route vers la vérité.

Dans le siècle des chemins de fer, du télégraphe électrique, dans le siècle qui a vu sonder l'Océan avec précision et poser le câble transatlantique, il est naturel que, en toute chose, on tende à se rapprocher de plus en plus de la science, qu'on emploie les procédés qui y mènent.

Pourquoi ce long retard dans la civilisation, tant de lois atroces, ce luxe de supplices étayant tout un ordre de choses qui nous étonne? Pourquoi le jugement de Dieu, l'épreuve du feu et du fer, afin de prouver l'innocence? Pourquoi la torture? Pourquoi l'inquisition? Pourquoi la peine de mort contre le faux-monnayage, contre la chasse dans les domaines du roi ou du seigneur? Pourquoi le servage? Pourquoi la dîme? Pourquoi toutes ces entraves à l'homme? Pourquoi le commerce, l'agriculture, l'industrie, le travail partout enchaînés? C'est parce qu'on prenait certaines erreurs pour des vérités, c'est que l'État entourait ces erreurs de sa protection, qu'elles étaient des vérités officielles, que la liberté de la pensée n'existait pas. Comment le monde a-t-il été débarrassé de ces erreurs, comment ont été brisées de dures dominations, comment ont été résolus certains problèmes, comment la vérité s'est-elle répandue dans le monde? Qui ignore que cela est dû à un petit nombre d'hommes supérieurs par la raison, à quelques esprits spéculatifs, qui ont démasqué les erreurs et fait apparaître la vérité?

Qui ignore que c'est au prix de leur repos, bien souvent de leur vie, que ces hommes pensifs qu'on appelle des philosophes, des savants, ont dû faire ces démonstrations dont a profité l'humanité ; que c'est ainsi que s'est formé peu à peu un ensemble de vérités pratiques acceptées de tous?

Il faut donc appeler l'attention publique sur la science politique et les hautes questions qui la constituent, provoquer les recherches, appeler les discussions qui font jaillir la lumière.

Alors il deviendra une vérité générale, reconnue de tous, que la liberté renferme tous les droits ; alors aussi la liberté pénétrera les âmes, descendra dans les profondeurs de la nation, s'emparant de toutes ses habitudes, l'animant tout entière de son esprit ; et on ne verra plus chez les peuples ces éclipses effrayantes de liberté qui tout à coup suspendent la marche du progrès et font reculer la civilisation. Mais tous les faits externes sont l'effet d'une cause interne : l'agent, c'est l'homme. C'est donc lui qu'il faut étudier si on veut connaître la raison des faits. Est-ce ainsi qu'on a procédé? Non certes! On a imaginé je ne sais quel homme, quelle société, pour les besoins de sa cause ; aussi les résultats obtenus ont-ils valu ce que valait la méthode. On n'a pas eu la vérité pour but ; on n'a été occupé que du résultat qu'on désirait obtenir ; on voulait que rien ne pût bouger ; on désirait une immobilité dans laquelle on se trouvait heureux ; la principale affaire, c'était d'arrêter le mouvement. On ne se demandait pas si cela était possible, on ne s'inquiétait pas de la nature de l'homme. On était à la poursuite d'une chimère, et on sacrifiait tout à cette passion.

C'est donc l'homme qu'il faut étudier. Or c'est en étudiant l'organisation d'un être que nous parvenons à connaître sa nature, la fin pour laquelle il a été créé et les lois qui le régissent.

Nous voyons que l'oiseau a des ailes, qu'il a un corps fabriqué d'une certaine manière ; nous en concluons qu'il est fait pour voler, que l'air est son domaine.

Nous voyons que le poisson a des nageoires, qu'il est façonné d'une autre manière, qu'il a des organes respiratoires particuliers ; nous en concluons qu'il est fait pour nager, que la mer sera son empire.

Quand on considère l'homme, on voit qu'il a des facultés merveilleuses.

Ces facultés se résument dans la pensée.

L'homme pense.

C'est la pensée qui fait de cette fragile créature un être si grand.

Elle est l'instrument de sa puissance.

Donc il a besoin de penser, car il est organisé pour cela, comme il a besoin de manger, de dormir. La pensée est dans l'ordre éternel ; il est donc bien que l'homme pense. Il a donc droit de penser.

Et la première pensée qui s'éveille en lui, c'est celle de sa personnalité, c'est qu'il est libre, qu'il s'appartient, que son intelligence est à lui et non à un autre, que son corps est à lui et non à un autre, que ses créations sont à lui et non à un autre.

Rien ne peut obscurcir ces faits spontanés, primordiaux, éternels. Non-seulement il sent qu'il est libre, mais sa volonté est d'être libre. Et il veut l'être, parce que sa raison lui dit qu'il a droit de l'être. Il a droit de l'être, parce qu'il a été créé libre.

On observe, en effet, que ses facultés ont besoin pour se développer de certaines conditions.

La première de toutes, c'est leur liberté. Il faut que rien ne s'oppose à leur exercice.

Si une cause quelconque empêche l'exercice de ses facultés, elles ne se développent pas, elles sommeillent, elles restent en germe, elles sont à peu près nulles, et l'homme ne s'élève guère au-dessus de l'animal. Si on gêne seulement leur exercice, ses facultés n'atteignent pas tout leur développement, elles languissent. Elles ont besoin de liberté pour se développer normalement dans toute leur puissance. Ce sont là des faits positifs, irrécusables.

Voilà ce que révèle l'expérience, et la raison ne la dément pas.

En privant un homme de la liberté de marcher, on ne supprime sans doute pas ses jambes, mais on diminue leur force; à la longue, la privation de cette liberté entraînera non la suppression des jambes, mais la suppression de la faculté de marcher; elle rendra les jambes nulles, parce que l'homme a été organisé avec des jambes pour marcher.

Il en sera de même des facultés humaines, si des obstacles, de quelque nature qu'ils soient, naturels ou artificiels, en gênent l'exercice, parce que l'homme a été organisé pour en faire usage. L'homme intellectuel et moral sera anéanti.

La liberté est aussi nécessaire à la vie de ces facultés que la terre, l'eau, l'air, la lumière le sont aux plantes, à la vie physique.

Elle est une condition indispensable de leur existence.

Elle est leur loi.

Sans elle, l'homme ne peut atteindre aux fins pour lesquelles il a été organisé et créé.

Mais nous apercevons une grande disproportion dans la force physique, intellectuelle et morale des hommes. Comment cette liberté pourra-t-elle donc être assurée?

Le plus faible devrait nécessairement tomber sous les coups du plus fort, si la nature n'eût pas voulu qu'il fût libre en douant l'homme d'un instinct très-énergique, l'instinct de la société.

C'est la société qui sera le moyen d'assurer sa liberté, et de permettre ainsi son développement.

Elle est son élément.

Aussi, sur quelque point du globe que nous portions nos regards, nous trouvons partout et toujours l'homme en société.

La famille est la société à l'état élémentaire. Ce fait constant, permanent, autorise à conclure que la sociabilité est un des instincts de l'homme,

La société est donc pour lui un besoin, une nécessité de sa nature.

Et, en effet, nous trouvons qu'elle est pour l'homme
le moyen de se développer.

Hors d'elle, ce développement est impossible ; bien
plus, son existence même est incertaine et précaire.
Elle n'est assurée que par la société.

Il existe, en effet, des hommes faibles et des hommes
forts, des hommes simples et des hommes artifi-
cieux, des hommes bons et des hommes mauvais.
Sans la société, les premiers, qui forment l'immense
majorité des hommes, seraient infailliblement la proie
des seconds. La force et la ruse seraient absolument
maîtresses. Chacun à son tour serait leur victime,
car le plus fort trouve bientôt un plus fort que soi.

La société assure donc aux faibles, à la masse des
hommes, une protection contre les entreprises d'une
minorité qui l'opprimerait et empêcherait ainsi le
développement de l'espèce.

L'homme sans la société ne dépasserait guère l'a-
nimal.

De là l'origine, le but de la société, qui est la protection de l'individu contre la force et la ruse, et le
développement de l'homme. C'est là sa raison d'être.

Mais qu'est-ce que la société?

C'est un mot compréhensif, un moyen abrégé,
imaginé pour la commodité du langage, comme
l'addition est un moyen abrégé pour faciliter une
longue opération de calcul, pour exprimer une collection d'hommes dans certaines conditions. Mais

cette collection, de combien se compose-t-elle ? Est-ce un nombre fixe, déterminé, est-ce mille, cent mille, un million, dix millions ?

Ce nombre est essentiellement variable. Il y a eu, il y a des États très-considérables ; il y a eu, il y a des États très-faibles.

Ce qui constitue la société, ce n'est pas seulement le nombre, élément variable ; c'est, de plus, essentiellement, une communauté d'intérêts, une communauté de but, poursuivi par des individus ayant pour lien une communauté de religion, de langue, de mœurs, ordinairement d'une même origine, habitant un espace déterminé, naturellement ou politiquement, ayant un commun esprit, formant ainsi un tout. Sans ce lien il y a une agglomération, il n'y a pas une société.

La somme ne sera pas autre chose que la répétition, un certain nombre de fois, des unités qui la composent. C'est la valeur des unités qui fera la valeur de la somme. Si celles-ci sont fortes, elle sera forte ; si elles sont faibles, elle sera faible.

Or, cet élément, cette unité de la société, c'est l'homme répété un certain nombre de fois, formant un nombre, s'appelant alors une société.

Pourquoi une société d'un million d'Indiens sera-t-elle inférieure à une société d'un million d'Anglais ? Parce que chaque unité anglaise est supérieure à chaque unité hindoue.

La suppression de l'individu entraîne la suppression de la société ; la suppression ou la diminution de sa

puissance physique, intellectuelle ou morale, entraî-
nent la suppression, la diminution de la puissance
physique, intellectuelle ou morale de la société.

Les intérêts de la société et ceux de l'individu sont
par conséquent identiques.

La société est la collection de ces intérêts, comme
elle est la collection de ces individus.

Il n'existe donc pas, comme on a voulu le prétendre, en faisant de la société un être à part, un
intérêt social et un intérêt individuel différents, souvent opposés l'un à l'autre, auquel on doive sacrifier
le droit individuel, le plus faible.

La société existe pour l'homme, et on oublie
que la loi suprême des sociétés, c'est la justice.

Un despotisme habile a pu mettre longtemps à profit cette erreur. Il a pu cacher l'oppression sous la
forme de l'intérêt général.

On ne pourra jamais faire que la société soit autre
chose, quelque déclaration que l'on fasse. Toutes les
déclarations du monde ne peuvent changer la nature
des choses.

Mais ce n'est pas tout. L'homme seul, isolé, eût-il
la liberté, n'aurait pas encore tous les moyens de développement de sa nature sensible, intelligente et morale. Il ne suffit pas que rien n'enchaîne ses facultés ; pour son développement, il faut encore autre
chose.

Il pense, mais il pense au moyen de la parole, et
c'est par la parole encore qu'il exprime sa pensée.

Il faut qu'il puisse parler, exprimer sa pensée.

Mais il faut quelqu'un à qui il puisse la communiquer. Seul, il ne penserait pas, parce qu'il ne parlerait pas.

Il faut donc qu'il puisse parler et se réunir à ses semblables.

C'est là un droit humain auquel il n'est pas permis de porter atteinte.

Si la société n'eût existé qu'en vertu d'un contrat, comme on l'a supposé à tort, les hommes eussent été bien embarrassés, et nous ne voyons pas comment ils s'y seraient pris, car ils n'auraient pas parlé. Il est probable que la société n'eût jamais existé.

Les hommes que leur condition oblige de vivre dans l'isolement, et ceux qui vivent dans la solitude par goût ou forcément, comme le pâtre, par exemple, qui passe de longs jours séparé du commun de ses semblables, le chasseur, le pêcheur, sont loin de présenter et de parvenir au développement que présentent et qu'atteignent ceux de leurs semblables vivant en société.

Leurs facultés ne dépassent guère l'état rudimentaire.

Ce fait devient plus frappant encore si, au lieu d'un isolement partiel, volontaire, on prend l'homme dans un isolement complet.

Qu'arrive-t-il alors?

Ses facultés restent à l'état de germe, à l'état de sommeil.

Ainsi, tout ce qui a pour effet d'empêcher ou de restreindre les rapports de l'homme avec ses sembla-

bles a pour effet d'empêcher ou de gêner son développement.

Réciproquement tout ce qui active, facilite, tout ce
qui étend ses rapports, favorise le développement de
ses facultés.

Tout le monde connaît la supériorité de civilisation
que le commerce, les échanges, ont donnée, dans l'antiquité, aux peuples qui s'y livraient, sur les peuples
que leur génie ou une situation géographique moins
heureuse privaient de ces avantages.

Il n'est personne qui n'ait été frappé de l'essor que
la civilisation moderne a pris depuis que des communications plus faciles, plus rapides, se sont établies
dans ces derniers temps parmi les États modernes.

Aussi tous les efforts des nations policées tendent-
ils à élargir de plus en plus sur le globe entier le
cercle de ces mêmes communications, à les rendre
plus faciles et plus rapides.

On découvre encore que les forces physiques de
l'homme croissent, à son insu, comme celles des animaux, et, comme celles des animaux, restent toujours
les mêmes. Elles obéissent à la même loi physique. Mais
sa force intelligente est d'une autre nature, et elle est
régie par une loi supérieure à celle des animaux. Celle-
ci demeure immuablement la même intelligence. Le
temps n'est rien pour elle. Celle de l'homme, au contraire, grandit sans cesse. Elle s'éclaire de génération
en génération. Le temps est d'un prix infini pour
l'homme ; chaque siècle, chaque année, chaque jour,
à toute heure, l'intelligence générale du genre humain

fait un pas, s'élève davantage vers le bien, le beau, le vrai, vers la science, vers Dieu. Ce mouvement, c'est une loi de l'humanité ; mais, si sa route n'est pas libre, il peut être très-lent, tandis qu'il sera très-rapide si elle est libre.

Comment ce fait a-t-il lieu?

Parce que l'intelligence humaine est perfectible et que sa force intelligente se survit en quelque sorte. Celle de l'animal ne se survit pas.

Si, par quelque cause que ce soit, l'homme était isolé, sa pensée, s'il pouvait alors en avoir une, mourrait avec lui comme son corps. Elle serait inutile.

Les siècles pourraient se succéder, l'homme ne serait pas plus avancé que le jour de son apparition sur le globe.

La civilisation n'est possible que parce que la société permet le développement de l'intelligence humaine, qu'en outre elle recueille et transmet le dépôt des connaissances constamment accrues aux générations futures.

Liberté et société sont deux termes inséparables de la nature humaine, deux éléments indispensables de son développement.

Le fondement des sociétés, c'est la justice. Il sera plus ou moins solide, selon que les hommes s'en feront une idée plus ou moins vraie.

Quels sont les droits de ces hommes réunis en société? Étant tous des unités de cette société, ils sont égaux en droits.

Mais il s'en faut qu'ils soient égaux en facultés.

La nature ne les a pas tous traités de la même manière, et telle est la cause éternelle des aristocraties, des supériorités.

Mais comment la société porte-t-elle atteinte à la liberté de ses membres, si leurs droits sont égaux, et si leurs intérêts et les siens sont identiques?

Dans quel but leur enlèverait-elle leur liberté, puisque leur liberté est la sienne même? Rien de semblable, en effet, ne serait à redouter si la société pouvait agir par elle-même, si tous ses membres pouvaient exercer leurs droits eux-mêmes; mais ils ne le peuvent pas.

Il faut une organisation sociale et politique, une constitution à cette société.

Il faut un gouvernement.

Et il ne peut être exercé par tous, quoique tous y aient droit.

Qu'arrive-t-il alors?

Que c'est un homme ou un certain nombre d'hommes qui agissent pour elle, qui représentent ces intérêts et ces droits communs : c'est la puissance publique.

Telle est l'origine du pouvoir : la nécessité d'une organisation et l'impossibilité pour chaque membre de la société d'exercer ses droits au gouvernement de la société.

Son principe, sa raison d'être, c'est le bien commun, l'intérêt général.

Mais ce pouvoir, afin qu'il ne soit pas une lettre morte, il faut l'armer pour qu'il puisse faire exécuter la volonté générale, défendre la société.

Voilà donc un nouvel être de raison, une société dans la société, ayant des intérêts communs avec elle, mais ayant aussi des intérêts à lui propres.

C'est ici que les difficultés commencent, que les passions humaines éclatent et que les conflits s'élèvent.

La société se trouve trop souvent en face de cette force.

En effet, des avantages considérables sont attachés à la possession du pouvoir. Il est la satisfaction de toutes les jouissances morales et matérielles auxquelles l'homme puisse aspirer. L'orgueil humain ne saurait prétendre plus haut. Aussi la tendance de chaque détenteur du pouvoir est-elle toujours la même. Il est dans sa nature de chercher à se maintenir, à s'accroître, à se perpétuer. Il cherche bientôt à se soustraire à ses obligations, à intervertir son titre, à se rendre indiscutable.

Pour arriver à ces fins, il lui faut employer des moyens. Ces moyens, qui ont beaucoup varié dans la forme, se réduisent, au fond, à un petit nombre employés avec succès dans tous les temps. Il a compris bien vite que c'est à une supériorité d'intelligence qu'il doit son existence. Réserver cette supériorité pour lui, c'est garder le pouvoir. Il lui paraît donc utile sinon d'arrêter, du moins de retarder autant que possible, le développement de l'intelligence chez les autres.

Il n'est pas encore assez avancé pour apercevoir son erreur et pour s'élever à des idées morales supérieures de dévouement, d'abnégation. A la longue d'ailleurs, le pouvoir finit par lui paraître son bien, sa chose; maintenir un ordre de choses immuable lui paraît juste, et tous les moyens qui pourront l'assurer seront légitimes.

Il a vu de bonne heure aussi le rôle que joue la richesse dans la société. Il a donc établi comme une de ses prérogatives essentielles la distribution de la richesse et des honneurs, qui intéressent les hommes à la conservation de ses jouissances et font regarder comme un dieu l'homme qui en est le dispensateur; et il s'est attribué à lui-même la plus grande part qu'il a pu dans la fortune publique.

Mais c'est la force dont la nécessité l'a le plus tôt frappé. Il a bientôt cherché à l'accroître le plus possible et constamment. La ménager, se l'attacher, assurer son dévouement à sa personne, a été l'objet constant de sa politique.

La force ne lui a pas encore paru suffisante pour dominer les hommes.

Il a toujours pris soin de se rattacher à l'idée dominante de l'époque. Aux temps reculés, quand la religion était toute-puissante, il persuadait aux hommes qu'il parlait au nom de la Divinité, qu'il était d'une nature supérieure à la leur. Quand le temps est venu qu'il n'a plus été permis de croire à son origine divine, il s'est transformé habilement, composant avec la religion, lui faisant sa part dans le pouvoir, afin qu'elle imprimât sur son front un caractère sacré qui rendît sa personne inviolable et obtînt à son autorité une obéissance aveugle, en la proclamant de droit divin.

Qu'est-ce qui faisait la puissance de ces hommes ? le mystère et l'ignorance. D'où venaient-ils, quand avaient-ils commencé ? Qui le savait ? qui pouvait lever ce voile ? Leur origine se perdait dans la nuit des temps, la Fable et la légende racontaient leur passé merveilleux.

Dans tous ces systèmes, l'ignorance était nécessaire. Il était de l'intérêt du pouvoir d'empêcher les progrès de la raison ; aussi lui a-t-il fait une rude guerre. C'était elle, en effet, qui devait peu à peu ruiner le despotisme.

Les sociétés modernes sont établies sur d'autres principes, et le progrès des lumières ne permet plus la confusion de la politique et de la religion. C'est au nom d'un autre principe aussi que le pouvoir fait la guerre à la liberté. L'idée dominante étant le bien-être, le progrès, au moyen du développement du commerce, de l'industrie, de l'agriculture, qui ont l'ordre pour condition, c'est l'ordre qu'on lui oppose. On la représente comme l'ennemie de l'ordre, des intérêts matériels. On fait appel contre elle à la cupidité et à la peur, qui ne réfléchissent pas.

Mais pour cela encore il faut empêcher de dissiper cette erreur funeste et de montrer que la liberté seule peut sauvegarder l'ordre lui-même et les intérêts matériels, parce qu'elle seule donne l'ordre, non ce faux ordre qui est la mort, œuvre du despotisme, mais cet ordre vrai qui est le mouvement des sociétés, qui est la vie, parce qu'il repose sur le res-

pect absolu du droit, sans lequel il n'y a pas de stabilité possible, sans lequel la confiance, qui est encore
une des conditions de la prospérité sociale, fait défaut.

Mais comment le pouvoir a-t-il pu si souvent, si
longtemps, agir contrairement aux intérêts de la
société?

Parce que le pouvoir est un corps compacte, armé ;
que quelques hommes pouvant se réunir, se concerter,
agir d'accord, sont les maîtres de millions d'hommes
qui ne peuvent pas se réunir, se concerter pour une
pensée et une action commune. Le despotisme commence son œuvre par la ruse, il l'achève par la violence. C'est peu à peu qu'il élève l'édifice dont il
dérobe avec art à tous les yeux la construction, qu'on
n'aperçoit que lorsqu'il n'est plus temps, lorsque
l'œuvre fatale est achevée.

Une expérience traditionnelle révèle au pouvoir
que cet état respectif fait sa puissance, qu'il aura facilement raison du nombre tant que cet état existera.
Il est donc de la plus haute importance pour lui de le
maintenir en empêchant les individus de se réunir,
de se concerter, de former une collection. Il est de
son intérêt de maintenir ce fractionnement, cette division des forces de la société, et de résister à tous les
efforts qu'elle fait naturellement dans le sens opposé.

Aussi, quand on dit la société, c'est par confusion,
il faut dire le pouvoir. Car la société ne saurait agir
contre elle-même. A cette confusion sont dues les
contradictions étranges que l'on observe entre les
principes et les faits, entre la théorie et la pratique.

Loin que le pouvoir soit réellement identique avec la société, nous voyons au contraire la société se révolter quand le pouvoir politique l'opprime par trop, et d'elle-même tâcher de se replacer dans les conditions nécessaires de son développement.

L'organisation de ce pouvoir redoutable a nécessairement varié beaucoup selon les temps et les lieux. Comme toute autre chose, elle a reflété l'état des connaissances de l'époque.

Mais un fait constant, général, c'est la disposition naturelle du pouvoir, quels que soient son nom et sa forme, à oublier son origine, son principe, à se séparer de la société, à tout rapporter à lui-même, à la regarder comme un moyen, à se regarder, lui pouvoir, comme le but; à poursuivre la prédominance de ses intérêts sur ceux du corps social, tout en faisant semblant de lui rendre hommage, en l'entourant de respect pour mieux voiler ses desseins, et peut-être aussi parce que la justice est un sentiment si puissant que les hommes mêmes qui la violent avec le plus d'audace éprouvent le besoin de l'invoquer et de mettre leurs actes sous cette autorité pour leur en donner la force. C'est un immense écueil pour la société que cette organisation de la puissance publique, la proportion à donner à ses forces, ses attributions. On a passé par bien des ébauches informes, bien des essais; on a imaginé bien des systèmes pour prévenir ses tendances, limiter son action, la balancer.

La séparation du pouvoir en trois pouvoirs distincts, le législatif, le judiciaire et l'exécutif, a été un pas heureux et rationnel dans cette voie. On a espéré avoir trouvé là un juste équilibre. Le régime constitutionnel est le dernier effort de la science politique dans ce sens.

La longue, la terrible lutte de la liberté, n'est, au fond, autre chose que la lutte de la société contre le pouvoir, ou du pouvoir contre la société, que le mouvement incessant du pouvoir pour dominer la société et de la société pour ressaisir ses libertés, quand il n'est pas la lutte d'un peuple contre un autre peuple pour défendre ou reconquérir son indépendance.

La cause en est dans la nature intime de l'homme, dans ses passions, dans son orgueil. Mais la cause dernière, c'est l'ignorance.

L'homme ne comprend pas tout de suite que sa grandeur est une grandeur morale, que l'homme qui améliore le sort de ses semblables est infiniment plus grand que celui qui emploie son intelligence à leur destruction ; que celui qui élève un peuple est plus noble que celui qui l'abaisse ; qu'il est plus utile d'imiter l'industrie de son voisin, de tâcher de la surpasser, d'échanger avec lui les produits de son travail, de son sol, plus utile de tirer partie de son génie particulier, que de s'emparer de sa personne, de ses biens ; qu'il est plus conforme à ses intérêts de voir en lui ce qu'il est réellement, une richesse, une valeur, au lieu d'y voir avec l'ignorance un concurrent à supprimer.

La science a dissipé, au moins en grande partie, cette erreur. Elle établit de plus en plus que la terre est à tous, et que l'homme n'y a pas été placé pour se détruire, mais pour y vivre conformément à la loi de Dieu qui défend l'homicide, que ses vrais intérêts sont d'accord avec les lois de la justice.

C'est la science qui seule peut assurer l'équilibre si difficile du pouvoir et de la société.

Le pouvoir a rarement compris la grandeur de son rôle, les devoirs que lui impose sa position; il ne s'est pas rendu suffisamment compte de sa mission. Il n'est pas assez convaincu que la grandeur de l'homme n'est pas une grandeur matérielle. Quand cette vérité aura passé dans les esprits, on ne verra plus ces entreprises contre la liberté des peuples, et un pouvoir qui, par une funeste confusion, aspire à tout gouverner, à détruire le gouvernement individuel.

Ses attributions étant précises, bien définies, il se mouvra puissamment dans le cercle que lui trace la nature même des choses, au lieu de se mouvoir péniblement dans celui que tracent trop souvent le caprice ou le hasard, exposé à des chocs dangereux.

Les peuples, de leur côté, rendront facile la tâche de leur gouvernement. Ils seront libres, ils auront le complet gouvernement d'eux-mêmes, de leurs intérêts propres.

Peuples et pouvoirs comprendront les droits et les devoirs de leur position réciproque, l'intérêt qui existe à les remplir et à les respecter.

L'homme pense, mais pourquoi pense-t-il? En dernière analyse, il pense pour connaître la vérité. C'est à la vérité qu'il aspire.

Le premier besoin de l'homme, être pensant, c'est donc de connaître, c'est l'instruction.

La pensée est l'instrument de ses connaissances.

Plus il pense, plus il sait ; et plus il sait, plus il s'élève vers le vrai, le bien, le beau.

Il a droit à l'instruction, la société la lui doit ; et la société y a intérêt, puisque ses intérêts sont idenques avec ceux des individus qui la composent.

L'homme a une force naturelle et une force acquise. La nature lui donne la première, et ici la loi de la nature n'est pas l'égalité, mais, au contraire, la variété, la diversité des types sans fin et la mobilité des choses.

Loin que l'égalité existe naturellement d'homme à homme, l'homme n'est pas identique à lui-même un an, un mois, un jour peut-être ; il change sans cesse, durant le cours de son existence.

C'est bien autre chose quand on vient à comparer l'homme d'autres temps et d'autres lieux.

La force acquise ou, pour parler plus exactement, les connaissances, c'est la société qui en est la dispensatrice. Ici c'est un autre principe qui est la loi. Ce principe, c'est l'égalité de tous ses membres. Cette force acquise, c'est l'héritage d'intelligence que chacun laisse en mourant à la société, à l'humanité.

Quelle est la différence que l'iustruction met entre deux hommes? Elle est énorme.

Dans la société, que vaut ce pâtre? S'il nous est permis de calculer l'homme en argent, à peu près ce qu'il gagne, quelques écus.

Sa valeur est proportionnée à son intelligence et à son instruction.

Mais que vaut cet homme qui, avec les faibles moyens de son temps, s'aventure sur des mers inconnues pour aller chercher le monde nouveau que son génie a vu par-delà l'Océan? Que vaut l'inventeur de la télégraphie électrique, qui va changer le monde? Que vaut l'homme qui a découvert la vapeur, laquelle va métamorphoser ce globe?

Qui peut le dire? Des sommes incalculables, non-seulement pour la société, qui a le bonheur de posséder ces hommes, mais encore pour l'humanité.

La valeur de ces hommes est donc proportionnée à leur intelligence, à leur savoir.

Une société de ces pâtres, que vaudrait-elle?

Une société de ces savants, que vaudrait-elle, toutes choses égales d'ailleurs?

Mais que seraient ces inventeurs sans l'instruction?

Des hommes d'assez peu de valeur, des hommes d'une condition misérable.

Qu'a-t-il manqué à ce pâtre pour être peut-être un inventeur sublime?

L'instruction.

C'est elle qui va changer son sort.

C'est elle qui fera d'un pâtre un Archimède, ou d'un Archimède un pâtre.

L'individu a donc un immense intérêt à l'instruction.

La société a donc un immense intérêt à donner à chacun sa part de la force acquise.

Quelles effrayantes pertes ont donc faites la société et l'humanité par suite d'une injustice, d'une erreur ou d'un calcul! Car peut-on douter qu'une foule d'hommes ne soient morts, lesquels, faute d'instruction, ont emporté avec eux dans la tombe le génie qui n'a pu briller?

Qu'on veuille bien réfléchir que l'instruction n'a été donnée qu'à un fort petit nombre d'hommes; qu'à cette heure même elle n'est pas départie à tous; qu'elle est départie encore à des degrés très-différents, selon la richesse et la position sociale.

Que serait-il arrivé si elle eût été donnée à un nombre deux fois, trois fois, dix fois plus grand?

N'est-il pas permis de penser que le progrès serait deux fois, trois fois, dix fois plus grand?

Et maintenant qui peut calculer à quelle hauteur de civilisation nous vivrions, si elle eût été donnée, non pas seulement à un nombre dix fois plus grand, mais à tous?

Où en serions-nous, au contraire, si elle eût été réservée pour un nombre d'hommes deux fois, trois fois, dix fois plus restreint, si elle eût été réservée, comme en Égypte, pour une caste, par exemple, ou bien pour les princes, pour les souverains?

Évidemment nous serions loin de la civilisation actuelle.

On ne posséderait à coup sûr ni l'imprimerie, ni la poudre à canon, ni la boussole, ni les chemins de fer, ni le télégraphe électrique; le nouveau monde serait ignoré.

Car ce ne sont ni les princes ni les souverains qui ont fait ces découvertes. Ce n'est pas à cela qu'ils ont appliqué leur esprit.

Que ce soit par une erreur ou par un calcul, pour assurer à quelques hommes leur domination, le résultat est le même : un nombre infini d'hommes ont été privés d'un bien infiniment précieux auquel ils avaient droit, qui eût changé sans nul doute leur existence ; la société a été privée, elle, d'une énorme somme d'intelligence ; la civilisation a été retardée.

Le temps est d'un prix infini pour l'homme ; il n'est pas indifférent pour lui de vivre à un siècle ou à un autre, de vivre dans la civilisation ou la barbarie. Qui voudrait vivre à l'époque où l'on employait la torture, la question, où régnaient tant de lois atroces ; à l'époque où toute circulation était interdite aux personnes par des lois ou le brigandage, qui rivaient l'homme au sol ; à celle où le travail pour vivre était octroyé, au temps même peu éloigné de la glèbe et de la dîme ?

Il peut paraître naturel qu'il en soit ainsi à certaines gens qui jouissent de tous les biens que cette civilisation procure ; ils peuvent trouver naturel et bon que des multitudes, des hommes, vivent et meurent étrangers à cette civilisation, et n'aient au milieu d'elle que l'emploi de la force musculaire.

Mais un temps arrivera, temps qui ne semble pas loin, où cela paraîtra plus odieux encore que la torture, qui ne brisait que le corps, tandis que l'ignorance tue l'âme.

La justice veut qu'il n'y ait d'inégalité entre les hommes que celle que la nature y met elle-même. Une autre inégalité ne peut provenir du fait volontaire de la société, dont un des principes fondamentaux est l'égalité devant elle de tous ses membres. Aucun d'eux ne doit pouvoir adresser de reproche à sa justice. Elle doit l'instruction, non pas à quelques-uns, non pas même au plus grand nombre, elle la doit à tous ses membres, également et au même degré.

Sinon l'égalité que la loi proclame est un mensonge, et on pourrait ajouter une cruelle ironie.

Comment sont-ils égaux, tous les membres de cette société? comment dépend-il d'eux d'arriver au but qu'on leur offre, si on donne à un petit nombre des moyens puissants qu'on refuse au plus grand nombre?

Dirait-on de quelques hommes dont les uns pourraient aller sur les ailes de la vapeur, les autres seulement sur d'anciens véhicules, tandis que la masse devrait aller à pied, qu'ils sont égaux, qu'il dépend d'eux d'arriver aussi promptement au but?

Dirait-on d'hommes qui seraient armés avec des armes de différents âges, les uns avec celles du douzième siècle, les autres avec celles du quatorzième ou du seizième, et les autres avec les terribles armes modernes, qu'ils sont également armés pour le combat?

Ce qui aggrave l'injustice, c'est que la distribution a lieu encore précisément en raison inverse du besoin; que la plus grande somme d'instruction, on la donne à ceux qui en ont le moins besoin, à la richesse, et qu'on la refuse à ceux qui en auraient le plus besoin, à la pauvreté.

Doit-on avoir deux poids et deux mesures? Cette inégalité dans la distribution de la science, sa privation, c'est en définitive un autre système de castes. Aurait-on aboli les castes de la naissance pour y substituer les castes de la richesse?

La société doit développer toute son intelligence.

Il faut que, lorsque la nature crée un homme de génie, il puisse apparaître. Elle le doit encore, parce qu'elle n'a pas seulement un but matériel, mais un but plus élevé, qu'elle a principalement un but moral, et que l'instruction est le meilleur moyen de l'atteindre, puisque sans elle tous les autres ont peu d'effet.

Une société infiniment instruite sera infiniment facile à gouverner; elle obéira presque seule à la raison. La tâche du pouvoir sera bien facile, son rôle bien simplifié.

Une société infiniment ignorante sera infiniment difficile à gouverner, elle n'obéira guère qu'à la contrainte, à la force.

Il est vrai que le résultat de cette égalité d'instruction serait la justice et le progrès, mais qu'il ouvrirait une immense concurrence qui ne ferait pas l'affaire de tout le monde; qu'il faudrait plus d'efforts pour garder sa place, pour conquérir les emplois, les honneurs; que ceux-ci ne seraient plus l'apanage de la richesse, que la richesse ne serait pas si souvent elle-même celui de la naissance, mais du mérite; que le despotisme verrait briser son levier, que le triomphe de la liberté des peuples ne serait plus ajourné, un vain mot, qu'il serait assuré et définitif.

Il n'est pas douteux que telles seraient les conséquences inévitables. Mais la société n'est pas faite pour satisfaire l'égoïsme de quelques hommes ; elle est faite pour assurer tous les intérêts, tous les droits.

Aussi, dans les pays qui s'appartiennent, dans les pays libres, le premier besoin est-il l'instruction. Le pouvoir ne craint pas la lumière ; il s'attache à la faire, à la répandre. Dans les pays, au contraire, qui ont un maître, elle est entravée, elle est circonscrite, ou bien elle est donnée dans une certaine forme ou dans une certaine mesure, calculée dans l'intérêt du maître.

Les sociétés comme les individus se trompent quelquefois, mais ils n'agissent pas constamment d'une manière contraire à leur intérêt. Leur conduite générale y est au contraire conforme. Aussi, quand leur manière d'agir est différente, on peut dire sans se tromper qu'ils n'agissent pas librement. Le despotisme sait très-bien ce qu'il fait, et la liberté sait très-bien ce qu'elle fait aussi.

Dans les États-Unis, qui sont la forme nouvelle de la société moderne au sein de laquelle l'Europe tend à se constituer, tout favorise l'instruction ; c'est la principale affaire. Dans les États du Sud, où régnait l'esclavage, il était défendu sur les peines les plus sévères d'instruire les noirs, de leur apprendre à lire, fussent-ils même affranchis.

Le despotisme ne s'y est jamais mépris, il a toujours reconnu son ennemi mortel dans la science.

— Aussi reconnaît-on les gouvernements libres à ce que tous leurs efforts sont dirigés vers l'instruction, et les gouvernements contraires, à ce que tous leurs efforts sont dirigés pour l'étouffer, sous tous les prétextes, à la fausser, quand il leur est impossible de l'arrêter.

Les intérêts de la société et ceux du pouvoir ne sont pas ici les mêmes.

L'instruction à tous également nous paraît une conséquence directe du suffrage universel.

C'est une question de vie ou de mort pour la liberté.

C'est l'ignorance qui a porté la désolation sur notre globe.

Où donc le pouvoir recrutait-il ces hommes qui brûlaient, qui torturaient, qui massacraient avec un épouvantable sang-froid, impassiblement, les victimes qu'il lui plaisait de leur livrer?

Où a-t-il toujours pris cette force avec laquelle il a si longtemps courbé les peuples?

La force aveugle qui a accompli cette œuvre est toujours sortie des ténèbres abjectes et de la misère. C'est dans ce chaos humain que gît la force informe que le pouvoir a, de tout temps, su tenir en réserve.

C'est là que le despotisme a toujours trouvé un instrument prêt avec lequel il a pu opprimer le talent, l'innocence, le malheur, la vertu, le génie, les plus illustres victimes, entraver, arrêter la civilisation.

C'est dans cette nuit, d'où la destruction est si

souvent sortie, que la liberté doit résolûment et à tout prix porter la lumière.

La lumière partout, c'est le despotisme désarmé, rendu impossible pour l'avenir.

Il ne servirait de rien d'objecter les charges, l'impossibilité, faute de ressources. — L'objection n'est pas sérieuse.

L'État peut ce qu'il doit faire dans l'intérêt de la société.

La science prouve qu'il n'y a pas de capital plus utilement employé que celui qu'on réserve à l'instruction.

L'instruction donnée à tous les membres de la société produirait une valeur qui dépasserait bien les avances que la société pourrait faire pour cet objet, et lui rembourserait bientôt, dans une mesure colossale, les sacrifices qu'elle aurait même à s'imposer.

Ce serait un emploi plus juste de l'argent et plus judicieux que celui qu'il reçoit trop souvent pour des monuments, des fêtes, des guerres sans motifs, des entreprises chimériques et quelquefois ruineuses.

Le pouvoir a le droit et le devoir de protéger la société contre les ennemis du dehors et d'assurer le respect des lois. C'est donc avec raison qu'il lève des armées pour la défense nationale.

Cependant, comment néglige-t-il d'armer la société d'une force bien supérieure à la force physique, de l'armer de toute la force de l'intelligence, comme il l'arme de toute la force physique ?

Il sait bien pourtant que la vraie force de l'homme, c'est sa force morale, son intelligence.

Voilà deux hommes : l'un a une force physique très-grande, l'autre a une force intellectuelle très-grande ; mettez-les aux prises, et demandez à tout homme sensé lequel des deux l'emportera. Aucun n'hésitera. Le résultat est prévu : l'homme enchaînera le tigre ou le lion. L'intelligence domine la force physique.

Ce qui est vrai de deux hommes est vrai également d'une nation.

L'histoire montre toujours la victoire attachée à la supériorité d'intelligence d'un peuple sur un autre, à un développement social plus avancé, ou, toutes choses égales, à la supériorité du chef.

Le triomphe, en un mot, est le résultat de la supériorité de l'armement, de la supériorité de la tactique ou du génie du capitaine.

Et tout cela n'est, en définitive, que la supériorité de la pensée. La force qui triomphe n'est qu'apparente ; elle n'est qu'une certaine manifestation de la pensée. Le poëte a dit excellemment :

Mens agitat molem.

Le plus faible État de nos jours est infiniment plus puissant et renverserait aisément le plus puissant État de l'antiquité. Ce serait un jeu pour la Belgique ou la petite Suisse d'anéantir les armées de l'ancienne Rome, fussent-elles commandées par Marius ou César lui-même, et de renverser la plus colossale puissance qui ait existé sur le globe.

Une frégate anglaise aurait en peu d'heures raison de toutes les marines de l'antiquité.

Nos moyens de destruction sont infiniment supérieurs.

On a toujours vu des hordes innombrables se briser contre la science d'un petit nombre d'hommes armés d'un grand courage moral.

Les immenses armées que les despotes d'Asie poussaient continuellement contre la liberté de la Grèce ont toujours brisé leurs flots impuissants contre la science et les forces que développe la liberté.

La riche et populeuse Asie n'a pu résister, elle, aux faibles armées de la Grèce, quand celle-ci a voulu la conquérir.

Un autre peuple, Rome, grandit avec la liberté, et peu à peu fait la conquête de l'univers.

Le nombre n'est quelque chose que par la valeur des unités.

Une poignée de Français, en Égypte, a défait et dispersé les innombrables milices des mamelucks; de nos jours, en Algérie, elle a battu de même des nuées d'Arabes très-belliqueux. Dans le terrible soulèvement des Indes, quelques détachements anglais ont pu braver des empires entiers, réprimer l'insurrection promptement, et ramener tous ces peuples sous la domination de l'Angleterre.

En Chine, encore, pour citer des exemples récents,

la science, la discipline, la civilisation, ont dompté les multitudes.

Toujours et partout la même loi s'est vérifiée. Mais ces hommes qui ont excité notre admiration en luttant avec une indomptable énergie contre le nombre, représentaient-ils simplement des hommes plus forts, mieux disciplinés, mieux commandés que ceux qu'ils combattaient?

Ils représentaient encore, il faut bien le reconnaître, quelque chose de moins matériel, de plus élevé. Ils étaient la succession vivante de plusieurs siècles d'honneur, de gloire et de liberté de leur patrie.

Ils avaient l'âme enflammée de grands souvenirs. Ils comprenaient leur devoir de léguer intact à la postérité l'héritage de leurs pères.

Quant aux Arabes et aux faibles Hindous, ils ne s'élevaient guère au-dessus des choses matérielles de la vie, et n'obéissaient qu'à la haine contre les envahisseurs de leur pays.

Il faut compter sur l'âme humaine, sur le rôle qu'elle joue.

La France, en 89, n'avait pas de grandes armées; et cependant, animée profondément par la liberté, elle a repoussé l'Europe loin de ses frontières.

Plus tard, elle a eu des armées très-considérables, très-exercées, ayant à leur tête un très-grand capitaine; ces armées ont-elles empêché son sol d'être envahi deux fois?

L'Espagne, en 1808, n'avait qu'une très-faible armée, et cependant elle a dévoré les plus braves armées

du monde commandées par de très-habiles généraux.
Pourquoi? Parce que la nation espagnole s'est levée
et a combattu pour son indépendance.

Est-ce que les faibles milices américaines n'ont pas
fait reculer, encore par la même cause, les troupes
disciplinées de l'Angleterre? Ne sont-elles pas restées
maîtresses du terrain? Est-ce que deux millions
d'hommes libres n'ont pas osé défier le formidable
despotisme de Charles-Quint et n'ont pas porté un
coup mortel à sa puissance?

Ce ne sont donc pas les armées nombreuses qui
donnent la sécurité et assurent l'existence des États;
c'est l'esprit national et l'instruction, puisque des
États sans armées ont résisté par ce moyen à de grandes
armées, et que des États qui avaient de grandes armées
ont succombé. Les grandes armées défendent les États
à peu près comme les tarifs trop élevés défendent la
richesse des nations, en les dévorant. Comment donc
le pouvoir qui demande énergiquement, comme c'est
son devoir et son droit, des sommes si considérables
pour la défense nationale, en demande-t-il si peu pour
la plus puissante défense des peuples, pour l'instruction?

Le pays a-t-il jamais marchandé? ne prodigue-t-il
pas le sang et l'argent pour cet objet?

Que s'il est démontré que les ressources sont insuf-
fisantes, son devoir ne lui commande-t-il pas de donner la préférence au moyen le plus puissant, à lui
donner le pas sur l'autre?

Puisqu'il néglige principalement celui qui assure

la victoire, ne pourrait-on pas penser que ce n'est pas la défense nationale seulement qu'il a en vue lorsqu'il entretient ces armées, qu'elles ont un autre but qu'on n'avoue pas?

C'est qu'en effet nous voyons les pays libres avoi des milices ou de très-faibles armées. Ils se trouvent ainsi suffisamment défendus, et on ne les attaque pas.

L'expérience leur fait repousser énergiquement le système des grandes armées permanentes. Le principe d'égalité ne souffre pas cette différence dans les citoyens, dont les uns ont le droit de porter des armes, refusé aux autres.

Maintenant supposez un État supprimant enfin ses armées pour départir également à tous les citoyens l'instruction, qu'arriverait-il?

Il résulterait positivement, pour cet État, un accroissement prodigieux de son capital; son commerce, son industrie, son agriculture, augmenteraient dans une proportion relativement énorme; sa richesse atteindrait une hauteur inconnue des peuples d'Europe; son bien-être serait incomparable.

Qui oserait l'attaquer?

Cet État serait supérieur aux autres États par l'intelligence, par la richesse, par le bien-être.

Il aurait un sentiment très-élevé de la justice et de son droit, de sa dignité, et aussi de sa force.

Si la folie prenait à quelque État voisin de l'attaquer parce qu'il n'aurait pas d'armée, de cette terre libre sortiraient des flammes pour le dévorer.

Mais pourquoi supposer une agression?

Comment! est-ce que toutes les lois de la justice devraient disparaître de chez les nations, parce qu'il s'en trouverait une qui déclarerait qu'elle veut vivre en paix et qui mettrait ses actes d'accord avec sa parole ?

S'il n'y a que la force matérielle qui protége les États, qu'est-ce donc qui défend la Suisse, la Belgique, la Hollande, les petits États ?

Il faut bien reconnaître cependant que, quoique leurs scrupules ne soient pas excessifs, les nations puissantes obéissent encore à des lois de justice. Il faut croire que, si une d'elles voulait dans ce cas les enfreindre, les autres sont là qui ne le souffriraient pas.

Est-ce parce qu'un tel État aurait bientôt un capital énorme, incroyable, une population qui s'accroîtrait rapidement, qui serait plus saine et plus robuste, que la science lui assurerait des moyens de défense et d'attaque, au besoin, plus redoutables, que la vie de ce peuple serait plus active, plus intense, qu'elle se répandrait sur ses fleuves encaissés, ses canaux, ses chemins de fer multipliés, qu'elle aurait la plus riche agriculture, que le bien-être déborderait, que les communications les moins coûteuses lui donneraient une énorme supériorité commerciale, industrielle, sur les nations rivales, est-ce pour cela, dis-je, qu'on l'attaquerait ?

Il serait incalculablement plus instruit, plus riche, il serait plus libre, plus fier et plus fort ; pour quel motif l'attaquerait-on ? quel intérêt aurait-on ? Mais sa presse libre, mais sa tribune libre !... Non, ce qui est plus probable, c'est que les autres États forceraient bien vite leurs gouvernements à entrer dans la même voie. Alors que deviendraient les pouvoirs, n'ayant plus ces armées immenses?

Ils trouveraient la stabilité, qu'ils n'ont pas encore su trouver, parce qu'ils l'ont demandée à ce qui ne peut pas la donner, toujours à la force. Les peuples qui sont heureux et libres ne se révoltent pas.

Pourquoi se révolteraient-ils? contre qui? Ils se gouverneraient eux-mêmes.

La question des armées permanentes est peut-être la plus grande question de l'époque, une question vitale pour l'Europe. Elle intéresse la liberté, la richesse, la moralité, le bien-être. Elle permettrait à des États qui succombent sous le poids de leur dette publique de se libérer. Elle changerait une immense force de consommation en une force incalculable de production.

La société romaine a péri par l'ignorance de quelques vérités, l'application d'un faux principe.

Des fins d'empires, des démembrements, des avénements de peuples sur la scène du monde, des ères de malheur ou de prospérité, d'étonnantes, d'incompréhensibles catastrophes, une subite grandeur, tout cela, en définitive, est dû à quelque erreur, à quelque vérité méconnue, à quelque vérité nouvelle, morale, physique ou économique, découverte et mise en lumière par quelques hommes supérieurs. Qu'un homme de l'art, par ignorance ou par méprise, donne à un homme un poison pour un remède, il le tue.

Qu'un pouvoir ignorant ou égaré par la passion applique un faux principe, qu'il prenne une résolution fatale, il compromettra l'existence d'un pays non moins sûrement; tout comme, s'il est sage, éclairé, habile, il pourra produire d'heureux changements dans ses destinées.

Un événement récent n'a-t-il pas mis cette vérité en lumière d'une manière éclatante? Nous avons vu une monarchie puissante humiliée, démembrée, précipitée subitement du haut rang qu'elle occupait parmi les nations; nous l'avons vue sur le point d'être anéantie par un simple inventeur. Et, par le fait encore de ce simple inventeur, inconnu la veille, une puissance de deuxième ordre a été élevée tout à coup au rang d'une puissance de premier ordre. Et cela encore, parce qu'un homme d'État a eu l'intelligence de comprendre la portée de l'invention que d'autres hommes d'État, faute de la comprendre, ont repoussée.

N'y a-t-il pas là un sujet de méditation pour les hommes politiques?

Et pourquoi ici un ministre instruit, habile, et là un ministre qui ne l'est pas et qui perd un État?

C'est au système politique qu'il faut ordinairement s'en prendre. Voilà où conduisent les fausses théories.

La liberté appartient à l'homme, elle est de tous les temps et de tous les climats. Néanmoins on ne peut méconnaître l'observation d'un grand publiciste : qu'elle trouve des climats plus ou moins favorables, et des races plus ou moins aptes, que le despotisme est asiatique, que la liberté est inhérente aux froids climats. Il est en effet remarquable que c'est dans le Nord que la tyrannie a toujours rencontré son écueil. C'est là qu'est venue expirer la puissance de Rome et son despotisme sans borne, là que la domination de Charles-Quint a trouvé sa résistance ; c'est dans les plaines de la Hollande et de la Flandre que sa colossale puissance a été frappée ; de nos jours, c'est encore l'épée du Nord qui, en Amérique, a brisé l'esclavage des noirs et, qui sait? sauvé peut-être la liberté du monde !

Il semble qu'un sol plus sain, un climat plus salubre, assurent à ces hommes une vigueur supérieure et une âme indomptable.

Il a été malheureusement sur la terre un lieu, une race extraordinaire pour la force et la domination, le peuple romain, comme il s'est trouvé un lieu, un peuple unique pour la religion, la Judée, comme il s'en est trouvé un autre pour la pensée et les arts, la Grèce !

Le despotisme de l'Europe vient en droite ligne de Rome. Ses armées ont conquis, mais ce sont ses institutions, c'est son organisation qui a ensuite pris les peuples vaincus dans des enlacements inextricables.

C'est Rome qui a fait du despotisme une science, qu'elle a appliquée avec un profond calcul. Il n'y a plus qu'à copier après elle sa politique.

La langue est un monument qui permet de suivre le flot latin ; elle indique exactement la hauteur où il est monté, où il s'est arrêté.

L'histoire du pouvoir en France reste obscure, incompréhensible, pleine de contradictions inexplicables. Mais cette obscurité disparaît et tout s'éclaire si on réfléchit à ce grand fait des races, ce fait si important, que le génie de Walter-Scott a le premier aperçu et fait revivre d'une manière si saisissante, et qu'a mis en lumière pour notre histoire un profond historien, Augustin Thierry. Tout s'explique quand on pense que la terre des Gaules a été envahie par les Romains, que Jules César a fait une énorme destruction de ces peuples et réduit le reste en servitude ; que la Gaule a été longtemps une préfecture de l'Empire, puis qu'un jour du Nord sont venues des tribus d'hommes libres qui ont vaincu et fait esclaves, à leur tour, tous les Romains des Gaules et les Gaulois leurs esclaves ; qu'ils ont fini par se fixer sur le sol gaulois en se partageant entre eux la terre et les hommes qui l'habitaient ; qu'ensuite, peu à peu, les chefs de cette nation libre, suivant les conseils, l'expérience politique consommée d'hommes d'une race très-civilisée, très-corrompue, très-habile dans l'art de séduire, les conseils de leurs serfs romains, au bout de plusieurs siècles, parviennent à refaire à leur profit, autant que cela était possible, le pouvoir des Césars, et à asservir tous leurs anciens compagnons, à en faire des sujets, des vaincus.

Les résistances, les alternatives de liberté et de despotisme, s'expliquent par la prédominance, dans les conseils de la nation ou du pouvoir, des éléments francs, romains ou gaulois. C'était la liberté ou le despotisme selon que prévalaient les hommes des races libres du Nord ou des races du Midi, la prépondérance de l'esprit saxon ou de l'esprit latin.

Mais, tandis que les rois travaillaient à s'emparer du pouvoir absolu, il s'opérait en sens contraire, au sein de la nation, silencieusement, un contre-mouvement pareil à celui qui se produisait sous les Césars, où, pendant que le monde était durement esclave, grandissait le christianisme, qui apportait au monde les hautes notions de justice, de liberté, de fraternité modernes. Ces mouvements se sont terminés, l'un à la domination royale sous Louis XIV, et l'autre à la grande révolution de 1789, laquelle n'a pas été autre chose que le triomphe marqué et définitif, après plusieurs siècles de lutte, de l'ancien esprit de la France et des hommes de cette race sur les hommes de la race latine.

L'immortelle Assemblée nationale de 89 n'a fait réellement que proclamer les anciennes libertés de nos ancêtres, les lois fondamentales, les libertés vitales de la France.

Elle a rejeté des traditions contraires à sa nature, à son caractère, l'importation étrangère et odieuse du despotisme de Rome et des Césars, qui l'avaient eux-mêmes reçu de l'Asie.

C'est contre cette fatale influence que notre pays et l'Europe se sont longtemps débattus. Et la grandeur de l'Angleterre, une partie du moins, vient de la bonne fortune qu'elle a eue d'y échapper par sa position.

Il est donc un fait que les peuples ne doivent jamais oublier, c'est que, lorsqu'un peuple a perdu sa liberté, il la recouvre difficilement, et qu'il faut un concours de circonstances heureuses pour qu'il puisse y parvenir, si le despotisme lui en a encore laissé la force et la volonté. Mais que de temps, que d'efforts, de sang, pour reconquérir ce qu'une noble résistance eût sauvé ! Ainsi, il n'a fallu rien moins que le choc formidable du Nord contre le monde romain, d'une part, la Révolution française, de l'autre, pour nous rendre nos droits.

Les hommes du Nord, les Barbares, comme on appelle encore, d'après les Romains, les hommes libres qui firent voler en éclats la puissance des Césars et mirent une fin au despotisme, ont fait la première partie de cette œuvre, en apportant quelque liberté au monde esclave, et nous ont permis de faire la seconde.

Car si, comparé à l'état actuel, l'organisation du moyen âge, dont on a tant médit, paraît grossière, peu libre, elle fut néanmoins très-supérieure par son principe à l'organisation romaine à l'époque de l'invasion. — Le servage fut plus doux, moins dégradant que l'esclavage des Romains, faisant de l'homme une chose.

Du moyen âge, la liberté moderne a pu sortir avec la civilisation, parce que cette société, si informe qu'elle nous paraisse, renfermait un principe de vie, la liberté ; qu'il y avait là des hommes libres, qui se faisaient un honneur de l'être, et qui prenaient le nom de Francs pour exprimer cette passion nationale de liberté.

Elle n'eût jamais pu sortir de la société et de l'organisation romaine, qui ne renfermait plus ce principe, où il n'y avait plus qu'un seul homme de libre, le César.

Mais l'autre partie de l'œuvre, qui a été le travail de la nation, n'a pas été la moins grande. Elle y a employé plusieurs siècles, qui ont été marqués par toutes sortes de vicissitudes avant d'aboutir glorieusement.

Un peuple qui a eu le bonheur de recouvrer ses droits ne saurait trop veiller à sa liberté. Il ne la conserve qu'à la condition de ne point s'arrêter dans sa marche, mais de développer toutes les conséquences de ce principe si fécond, d'en poursuivre prudemment, mais résolûment, l'application politique et sociale, en s'inspirant toujours de son esprit le plus large, en restant fidèle à la moralité la plus élevée. Ce n'est pas impunément qu'une longue servitude aura pesé sur un pays. Si ses traces malheureuses peuvent disparaître entièrement, toujours est-il qu'elles ne s'effacent ni sans peine ni tout de suite. Elle a encore cela de funeste que les effets subsistent longtemps après que la cause a cessé.

Les principes sont lents à mourir. La tradition romaine, l'esprit romain, a prolongé son existence bien longtemps après la chute de l'empire, et il serait peut-être difficile de décider s'il n'a pas fait encore plus de ravages que son épée.

En présence des tentatives qu'il inspire encore, il est permis de s'adresser cette question, de se demander si les races ne conservent pas leur nature après tout ; si, en apparence fondues, elles ne conservent pas secrètement tous leurs instincts au sein des sociétés, comme ces sources qui traversent les profondes eaux des lacs où elles vont se perdre sans se confondre. On peut se le demander quand on voit des hommes qui, admirateurs d'un passé qui ne saurait revivre, ont résolu de relever, de refaire ce grand pouvoir.

Ce sont les partisans de la force.

C'est au nom de l'égalité qu'ils exaltent le pouvoir d'un seul.

Ils accusent la liberté, rejettent sur elle tout ce qui arrive de mal, et rapportent au pouvoir absolu tout ce qui arrive de bien.

Ils soutiennent qu'il faut supprimer la liberté parce qu'on abuse de la liberté. D'autres, plus modérés ou plus habiles, prétendent qu'il faut la donner, mais avec mesure ; d'autres, qu'il faut la donner, mais la donner graduellement, au fur et à mesure que les peuples se montrent capables d'en user.

Nous verrons ce qu'il faut penser de ces théories plus ou moins inspirées des Romains.

C'est au nom de l'État, du bien public, de l'utilité générale, que sans cesse ils invoquent l'application de leur théorie.

Ils varient adroitement les termes, car ils savent l'empire des mots. Une partie de leur habileté consiste dans l'invention de phrases à effet, de sentences politiques affectant un faux air de profondeur qui impose.

Profitant des regrets que laisse le passé, de ce que le volcan qui s'est ouvert a renversé nécessairement beaucoup de choses respectables à côté de celles qui étaient vouées à une juste destruction, de ce qu'une nation ne passe pas subitement sans souffrance d'un état à un autre, surtout du despotisme à la liberté, ils poussent les pouvoirs à tous les empiétements, au gouvernement de toutes choses, à l'annihilation de l'individu. C'est là leur but, leur idéal.

Un mot nouveau, l'État, a remplacé pour eux le César, a remplacé le droit divin.

Avec ce mot, on substituerait à un despotisme usé un despotisme plus neuf, plus habile et plus actif.

Au moins le droit divin avait-il le mérite d'être conséquent. Le souverain était convaincu de son droit. Il croyait qu'il ne relevait que de Dieu. Il se regardait comme le père de ses sujets, dont il aurait un jour à rendre compte à la justice divine. Sans doute cette croyance ne l'empêchait pas toujours de mal faire; mais enfin telle était la croyance, et on ne peut méconnaître qu'elle ne fût un frein utile. Les peuples, de leur côté, croyaient aussi fermement à ce droit et obéissaient sans difficulté. Sans doute elle n'empêchait pas toujours les rébellions de leur part, mais le joug était ainsi rendu plus léger que nous ne pensons peut-être avec d'autres idées. On est obligé de le croire quand on voit que ce lien moral suffisait presque seul à l'ordre. Les souverains n'avaient pas à cette époque des armées permanentes, comme de nos jours,

4

pour les protéger contre leurs sujets, contre la nation. Ils n'avaient que leurs serviteurs. S'ils mécontentaient trop une partie notable du peuple, celle-ci courait aux armes, et si une autre partie plus forte, restée fidèle, ne se levait pour les défendre, il fallait bien céder.

Aujourd'hui cela a changé ; à cette ignorance, à cette simplicité, ont succédé des idées plus justes sur la nature du pouvoir, les droits de la société, un mécanisme plus compliqué, des besoins plus étendus.

Mais c'est à tort qu'ils prétendent que le pouvoir d'un seul homme est plus' léger et par conséquent préférable au pouvoir d'une assemblée, d'une aristocratie quelconque, et qu'ils s'appuient là-dessus pour soutenir un pouvoir absolu. Ils se font illusion, s'ils sont de bonne foi, et se payent de mots. On a toujours le pouvoir d'un nombre dans les sociétés avancées. Le despotisme d'un seul y est toujours le despotisme d'un nombre. Et cela a lieu par la force même des choses. Car, si un homme peut suffire au gouvernement d'un petit État ou d'un peuple primitif où les intérêts sont peu étendus et fort simples, cela cesse d'être possible dès qu'il s'agit d'un État un peu considérable ou d'une société civilisée, dont les intérêts sont très-compliqués et innombrables. Là, son gouvernement ne peut s'exercer qu'avec l'assistance d'un concours considérable de personnes qu'il a sans cesse besoin d'augmenter, et le gouvernement d'un seul est une fiction.

Où est l'homme qui connaîtra tous les besoins de

cette société, besoins si variés, si nombreux et si mobiles? Quel est l'homme, si grand qu'on veuille supposer son génie, qui ne succombera sous un tel fardeau? — Et le temps? Où prendrait-il le temps pour suffire à un pareil travail?

Si cela est impossible, comment alors peut-il gouverner?

Il est bien obligé de départir ce pouvoir à un certain nombre de personnes sur lesquelles il lui faut se reposer, et qui gouvernent en son nom.

Il lui faut donc des agents, il lui en faut beaucoup ; — au lieu d'une aristocratie appelée le patriciat, la noblesse, peu importe le nom, la nation aura une aristocratie de fait.

On n'a donc pas davantage cette prétendue égalité qu'on fait valoir.

On a donc également dans la nation une aristocratie avec le pouvoir absolu, mais d'une autre espèce.

Il faut voir quelle valeur aura cette nature d'aristocratie comparée aux autres, quelle est sa moralité. C'est là la question.

On aura un despotisme plus solide, plus actif, compacte et aveugle.

La différence ne sera pas à l'avantage du pouvoir absolu. En effet, c'est l'homme investi de ce monstrueux pouvoir qui choisit ses agents. Il faut donc qu'ils lui plaisent. Plaire au souverain pour avoir sa part de faveurs et de pouvoir, voilà le but des hommes dans cette société. Ils renchérissent les uns sur les autres. La flatterie, la servilité, sont des moyens de fortune et d'élévation. La vérité n'approche pas souvent de lui. Comment donc gouvernera-t-il s'il ne sait pas la vérité?

On aura une aristocratie, et la plus mauvaise de toutes.

La France a eu les deux : l'une, qui a péri en grande partie dans les croisades, et dont le reste est tombé dans les champs de Crécy, de Poitiers et d'Azincourt, en luttant contre les Anglais; l'autre, qu'on a vue dans les antichambres de Louis XV. On peut comparer. L'Angleterre a une aristocratie qui n'est, certes, ni vile ni servile. On ne peut lui contester son patriotisme et ses lumières.

Le despotisme, sans doute, est toujours le despotisme. Cependant il n'est pas douteux que celui d'une aristocratie quelconque sera moins pesant, moins pernicieux, que celui des favoris et des courtisans. Sans doute la nation entière ne sera pas libre, et ce sera un malheur, mais du moins il y aura de la liberté dans cette nation, et cela suffira pour que cet État soit très-supérieur à l'autre. — Rome, et presque toutes les républiques de l'antiquité, ont été des républiques aristocratiques. Les brillantes républiques du moyen âge ont été aussi des aristocraties.

Ceux qui veulent justifier les usurpations du pouvoir, ses attentats, ont dit que l'homme réuni en société renonce à certains droits.

Mais à quels droits? Personne n'a pu le dire, et il eût été bien difficile de le dire en effet. L'homme ne renonce à aucun droit. La société est, au contraire, le moyen de les lui assurer tous.

Et s'il renonce, en apparence, à l'exercice de certains droits au détriment d'autrui, tous à leur tour renoncent à exercer les mêmes droits à son détriment, à lui. Or, donnant d'un côté une chose et recevant de l'autre ce qu'il donne à chacun, il ne donne rien. Mais à quoi donc renonce-t-il? Il renonce, dit-on, à gêner la liberté d'autrui.

Mais a-t-il donc le droit de porter atteinte à la liberté d'autrui? Non. Donc il ne renonce pas à un droit.

Ce n'est donc pas à un amoindrissement de sa liberté qu'il consent; c'est au contraire l'assurance, la garantie de la liberté, qu'il donne et reçoit d'autrui.

La société est sa loi. Il n'a donc à renoncer à aucune loi de son organisation.

Il serait contradictoire que, la société étant l'état naturel de l'homme, l'élément nécessaire au développement de ses facultés, il fût nécessaire qu'il renonçât à l'exercice de ses facultés sous peine de la détruire.

Non, il ne renonce à rien. Seulement, comme l'individu ne peut exercer tous ses droits lui-même au gouvernement de la société, que celle-ci ne peut se gouverner toute seule, il est bien obligé de déléguer ses droits à un certain nombre d'hommes qui, à cause de cela, forment un corps qui s'appelle le pouvoir, qui représente la force et les intérêts généraux de la société. — Voilà la méprise qu'on fait.

Les accusations contre la liberté sont-elles fondées?

On abuse de la liberté, voilà ce que disent ces

théoriciens et ce que répètent après eux les hommes qui disaient : «César est dieu,» qui répétaient aussi ces anciennes raisons : «Tout pouvoir vient de Dieu; c'est lui qui fait les petits et les grands, » et qui répéteront demain les autres choses qu'on voudra leur faire dire. Hélas! oui, l'homme abuse de la liberté. C'est là un fait incontestable. Mais quelles conséquences veut-on en tirer? Qu'il faut supprimer la liberté?

Mais, si c'est sur l'abus qu'est fondée la suppression, il n'abuse pas que de la liberté; il abuse de bien des choses encore, car il abuse de tout.

Il a abusé des choses les plus saintes, il a tout profané. Rien n'a échappé à son abus.

Qu'on trouve une seule chose dont l'homme n'abuse pas!

Au nom sacré de la religion, l'ambition, l'ignorance, l'hypocrisie, ont fait couler des torrents de sang humain. Qui parle cependant d'abolir la religion? Des monarques, des princes, des ministres, n'ont pas craint d'abuser de leur pouvoir de la manière la plus odieuse et la plus ridicule. Ils ont foulé aux pieds tous les droits. Ils ont traité les peuples avec ni plus ni moins de sans façon qu'un vil troupeau. Ils en ont abusé, cruellement abusé de toutes les manières; pourtant quel homme sensé conclura qu'il faut abolir le pouvoir?

Qui dira qu'il faut supprimer la justice, parce qu'elle a rendu des arrêts effroyables, que ses égarements font trembler, qu'elle a souvent sacrifié l'innocent, qu'elle a été vendue, qu'elle a été quelquefois un auxiliaire actif du mal, qu'elle a exercé pour son compte, dans l'intérêt de son ambition, un ministère sacré et redoutable?

On a abusé de l'intelligence, du talent, du génie; on a abusé des choses les plus saintes.

Et cependant tout le monde continue à tenir ces choses pour bonnes, respectables, sacrées.

Ce n'est donc pas l'abus d'une chose qui rend une chose mauvaise. Tout serait mauvais, à ce compte, car on peut abuser de tout ce dont on peut user.

S'il suffisait de l'abus d'une chose pour la proscrire, on abuse de la force physique aussi; pourquoi n'enchaînerait-on pas tous les hommes? On abuse de la fortune aussi; pourquoi le pouvoir ne s'en emparerait-il pas?

Il est vrai qu'il ne pourrait enchaîner tous les hommes, il est vrai aussi qu'il serait dangereux de tenter de s'emparer de la fortune des particuliers.

Cependant, pour être juste, il faudrait alors empêcher tout ce dont on peut abuser. Le peut-on?

Mais allons au fond des choses. Que signifie cet *on?* signifie-t-il tous les hommes?

Il ne signifie pas tous les hommes, car, s'il signifiait tous les hommes, qui pourrait les empêcher d'abuser? Il ne signifie pas même le plus grand nombre des hommes, car alors encore comment pourriez-vous empêcher le plus grand nombre des hommes d'abuser?

Il ne signifie pas même une minorité; il signifie quelques hommes seulement, un nombre d'hommes imperceptible. Car il en est de la liberté comme des autres biens : il n'y a qu'un fort petit nombre d'hommes disposés à enfreindre les lois de la sobriété, les lois de l'économie, les lois de la prudence, disposés à l'abus, parce qu'il faut reconnaître que la masse des hommes est sensée et agit selon le sens commun. La vérité est que les hommes n'abusent pas plus de la liberté que d'autre chose.

Le contraire est une injure gratuite à l'humanité ; c'est dire que les hommes n'ont pas le sens commun.

Il serait, en effet, bien extraordinaire que Dieu eût organisé l'homme d'une manière, et qu'il ne pût agir selon son organisation sans amener sa destruction. Il ne faudrait plus parler de la sagesse du Créateur.

Et parce qu'il arrive que quelques hommes abusent de la liberté, c'est tout le monde qu'on a le droit d'en punir ? Depuis quand les hommes sont-ils responsables des crimes qu'ils n'ont pas commis ? Depuis quand a-t-on le droit de punir l'innocent du crime d'autrui ? Quelle est cette théorie ?

L'abus que peuvent faire de la liberté quelques hommes peut-il légitimer la privation de la liberté étendue à tous les hommes ? Il faudrait d'ailleurs que la suppression fût générale, sans exception, car tous les hommes peuvent abuser. Mais alors qui donc aura droit d'opérer la suppression ? Le pouvoir ? Mais le pouvoir, ce sont des hommes aussi, et pas toujours les meilleurs.

Peut-on encore croire à des hommes d'une nature supérieure à la nature humaine, à une mission divine des hommes du pouvoir ; peut-on persuader qu'on ne fait pas partie de notre humanité, qu'on est *tanquàm è cœlo demissi homines?*

Mais ce langage, qui a pu être tenu aux époques reculées, dans les temps primitifs, est l'écho d'une croyance évanouie ; il ne faudrait pas que le christianisme fût venu proclamer une commune origine de tous les hommes et la sublime doctrine de la fraternité ; il ne faudrait pas que la philosophie fût venue éclairer les esprits, que la grande Assemblée nationale de 89 fût venue affirmer solennellement l'égalité sociale et politique ; il ne faudrait pas que les États civilisés eussent tous reconnu, au moins en droit, sinon toujours en fait, que le pouvoir est une délégation générale.

Est-ce que le pouvoir changerait la nature des êtres ?

Est-ce que les hommes, en montant au pouvoir, dépouillent les passions humaines, deviennent des anges, par hasard ?

Pourquoi l'homme abuse-t-il de sa liberté ?

Parce qu'il ne sait pas ou ne veut pas toujours résister aux passions qui le sollicitent.

Plus les sollicitations seront nombreuses, plus elles seront puissantes, et plus l'homme aura de chances de succomber. L'abus sera en raison directe de l'étendue et de l'intensité des sollicitations. Où ces sollicitations seront-elles plus nombreuses, plus intenses qu'au pouvoir ?

L'abus sera encore en raison de la répression qu'il rencontrera. Or l'abus de l'individu rencontrera les intérêts des autres membres de la société qui seraient assez puissants pour le contenir, et, au besoin, le pouvoir chargé de le réprimer.

Mais l'abus du pouvoir, qui le réprime?

Il n'y a que Dieu au-dessus de lui.

S'il y a donc un abus probable, c'est l'abus du pouvoir.

Il faut encore ajouter à la puissance des sollicitations pour le pouvoir les enivrements, l'infatuation de notre faible nature.

Est-ce que plus on monterait, moins on aurait le vertige?

Est-ce là ce que montre l'expérience?

Nous voyons des hommes dont la sagesse suffisait pour résister dans une sphère commune à des sollicitations ordinaires, n'en plus avoir assez pour résister aux entraînements qu'ils ont rencontrés dans cette haute situation.

On en voit bien peu qui résistent à l'orgueil que le pouvoir inspire.

Il n'est donné qu'à quelques grandes âmes de subir victorieusement cette épreuve.

Et c'est l'homme placé dans cette situation si dangereuse qui pourra venir parler des abus possibles de la liberté, lui qui la supprimerait?

On parle du mal que peut faire l'abus de la liberté. Quel mal peut faire à la société l'abus de la liberté de cet homme, ignorant ou mauvais? C'est un mal individuel, qui s'étendra à quelques individus tout au plus. Il n'ira ni profondément ni bien loin. La résistance individuelle suffira souvent pour le réprimer. Il sera proportionné au pouvoir de cet homme et à la résistance qu'il rencontrera de la part des autres membres de la société. Mais armez la perversité du même homme d'une force supérieure à celle de l'individu : dans ce cas, la résistance individuelle ne suffira plus, il faudra une résistance plus considérable, le mal que son abus de la liberté pourra faire grandira en proportion. Mais enlevez à tout le monde la liberté : toute résistance est supprimée, le mal de cet homme est sans limite.

Voilà cependant ce qui advient dans la théorie qu'on ne craint pas de soutenir.

La liberté individuelle peut sans doute causer du mal, exciter quelque trouble dans la société, mais tout se borne là. Il n'y a que les pouvoirs qui aient assez de puissance pour précipiter les nations.

La liberté laissée à tous, selon le droit, c'est une liberté raisonnable au pouvoir.

La suppression de la liberté individuelle, qui n'est pas à redouter, qui n'offre aucun danger où Dieu l'a mise, car les hommes ne sont en société que pour conserver leur liberté, c'est la création au pouvoir d'une autre liberté, celle-là, liberté redoutable et infiniment dangereuse : la liberté de tout faire.

Le devoir du pouvoir n'est pas de supprimer la liberté sous prétexte d'abus, mais de punir l'abus, précisément parce que l'abus porte atteinte à la liberté, qu'il est institué pour l'exercice de la justice, et que c'est pour cela qu'il dispose de la force.

On veut, dit-on, prévenir l'abus.

Ah! si ce langage est sincère, si c'est là le but, il y a un moyen sûr de l'atteindre : c'est en éclairant les peuples sur les dangers de l'abus, en les instruisant, en donnant l'instruction la plus large et également à tous.

Si on supprime ou diminue la liberté, qu'importe que le pouvoir qui la supprime s'appelle un homme providentiel, un pouvoir de droit divin, ou un pouvoir par délégation? le résultat est le même, le reste est un mot.

En sorte que tout ce qu'on aurait gagné serait de changer un mal par un autre mal. Ce serait là tout le progrès de l'esprit humain!... Mais un tel système ne saurait se soutenir un instant avec le principe moderne de la délégation.

Si on parle du mal que l'abus de la liberté peut produire, il faut aussi parler du bien que la liberté produit, et du mal qu'entraîne pour les individus comme pour les sociétés sa suppression ou simplement sa diminution. On a bien autre chose alors : on a l'abus de l'homme par l'homme !

On propose de supprimer une force incalculable, source de tout bien, sans laquelle il n'y a ni moralité ni grandeur pour les individus et pour les nations, parce que cette force peut avoir quelques inconvénients ! Est-ce sensé?

La perfection est-elle de l'homme?

Supposons un moment que la force des choses, la nature n'eût pas été plus forte que l'homme, et qu'il eut été possible au despotisme de mettre absolument en pratique la théorie, d'étouffer aussi complétement qu'il le désirait la liberté humaine, de l'anéantir complétement, que serait-il arrivé? Qui parlerait à cette heure de civilisation? Elle serait absolument nulle. Elle ne dépasserait pas celle de ces étranges souverains d'Afrique, dont les voyageurs nous racontent des choses extrordinaires en fait de barbarie.

Autrefois le pouvoir n'avait de compte à rendre qu'à Dieu ; c'était en son nom qu'il parlait, s'il daignait le faire. Les pouvoirs sont actuellement plus modestes ; ils ne parlent plus au nom de Dieu, ils parlent au nom de la nation, dont ils reconnaissent tenir le pouvoir. Quand ils suppriment la liberté, ils déclarent qu'ils agissent dans l'intérêt de l'utilité générale ; si l'homme est opprimé, c'est l'utilité de la société qui l'exige : l'intérêt particulier doit être sacrifié à l'intérêt général.

L'utilité générale, loin de renfermer la nécessité de cette suppression, renferme, au contraire, la nécessité de la liberté, la punition de lui porter atteinte.

L'oppression indéterminée de chaque membre de la société, c'est l'oppression de tous les membres ; et l'oppression de tous les membres est l'oppression de la société.

Qu'est-ce qu'une utilité générale qui ne comprend pas l'utilité particulière?

L'utilité générale serait-elle autre chose que la somme des utilités particulières?

L'utilité générale, d'ailleurs, ne saurait légitimer une atteinte aux droits de l'individu : s'il était prouvé qu'un crime pût faire la félicité de la société, le crime serait-il donc permis?

Le pouvoir n'a pas le droit de faire ce qu'aucun individu ne pourrait faire sans crime.

Les actions changeraient-elles de nature selon la position de l'auteur?

Que fait le nombre? Un crime devient-il une bonne action parce qu'au lieu d'être commis par un individu, il est commis par mille?

Il n'en est pas ainsi. La justice est immuable, éternelle comme la vérité, et le bien, le juste, le vrai, l'utile, sont étroitement unis, ne sont que des faces diverses du même objet.

Nous ne savons trop ce qu'auraient à répondre ces théoriciens si on leur disait :

Vous vantez la destruction de la liberté.

La destruction de la liberté, c'est l'esclavage.

Vous vantez l'esclavage ; vous le trouvez bon, vous maudissez la liberté, vous l'accusez de tous les maux. Eh bien ! soyez esclaves, puisque tel est votre plaisir, rien ne l'empêche ; mais souffrez que ceux qui abhorrent la servitude, qui adorent la liberté, que ceux-là soient libres.

Quand on a le malheur de soutenir de tels principes, on se condamne à être toujours le plus fort.

Auraient-ils droit de se plaindre si on les soumettait à la théorie qu'ils professent avec tant d'ardeur, et dont ils ont fait malheureusement l'application quand ils ont pu sur ceux qui la repoussaient?

Ils vantent l'esclavage, et ils n'en veulent pas pour

eux, mais pour les autres ; et cette odieuse liberté, ils la veulent pour eux ; elle est si mauvaise que la leur ne leur suffit pas, mais qu'il leur faut encore la liberté des autres.

Quand on voit si peu de conséquence entre les principes et la conduite, on est autorisé à penser que l'abus qu'on fait valoir contre la liberté n'est qu'un prétexte, qu'on veut la liberté pour soi de tout faire, d'être dispensé de talent, de vertu, de justice ; qu'on veut être maître, ou bien qu'on est incapable de gouverner, et alors on est indigne d'être le pouvoir.

Il faut encore voir quels sont les hommes qui soutiennent cette théorie, s'ils y sont complétement désintéressés. C'est le pouvoir qui la soutient ordinairement, et des hommes ayant avec lui de puissantes attaches.

Il est remarquable même qu'ils font bon marché de la théorie, si le pouvoir leur échappe. On les voit alors non les moins ardents à invoquer la liberté contre laquelle ils s'élevaient.

La vérité est inaccessible aux intérêts et aux passions.

D'autres, plus modérés ou plus habiles, s'adressent aux esprits qui aiment les moyens termes ; ils disent que la liberté doit être donnée dans une certaine mesure.

Mais la liberté a-t-elle une mesure ? Alors, quelle est cette mesure ?

L'homme est organisé pour manger, et il mange. Mais mange-t-il sans mesure ? Non, car, s'il mangeait sans mesure, s'il faisait abus de la nourriture, au lieu que la nourriture lui soit utile, elle lui serait nuisible. Il y a une règle à laquelle il obéit ; c'est l'appétit qui est sa loi, sa mesure. L'homme aurait-il différemment la liberté, l'aurait-il reçue à condition de ne pas s'en servir, de ne pas en faire usage, ou bien que son usage lui soit funeste, faute d'une mesure qui en prévienne l'abus ?

Non ; quand la nature veut la fin, elle veut les moyens. Aussi a-t-elle donné à l'homme une règle pour la liberté ; cette règle, c'est la raison et la conscience. Elle lui défend de faire à autrui ce qu'il ne voudrait pas qu'on lui fît à lui-même. Elle lui commande de respecter la liberté d'autrui ; elle lui commande aussi d'obéir aux lois, aux pouvoirs légitimes, de défendre sa liberté, son indépendance, en un mot, de bien faire. Et la conscience est un juge incorruptible de ses actions.

Si le corps n'avait pas de mesure, il mourrait.

L'âme a besoin aussi de mesure, de règles, qui l'empêchent de mourir, et elle les a.

L'homme a le droit et le devoir d'agir à ses risques et périls, de faire usage de sa liberté dans les limites que lui tracent et sa conscience et sa raison. Mais la prétention de régler la liberté, c'est-à-dire de l'amoindrir, de la supprimer, ne peut être élevée que par des conquérants sur des peuples vaincus, jamais par des citoyens sur leurs concitoyens avec un fondement raisonnable.

Elle est un fait, un droit de la force, autant que les

mots force et droit peuvent aller ensemble ; elle n'est pas un droit que la raison puisse invoquer. C'est ce droit qu'exprime l'insolente maxime : *Sic volo, sic jubeo, sit pro ratione voluntas!*

C'est encore ce droit qu'exprimaient, à leur manière, nos ancêtres, quand ils disaient qu'ils ne relevaient que de Dieu et de leur épée ; ce droit qu'exprimait le mot de sujets donné par le souverain à toute la nation, qui veut dire des vaincus, des hommes qui gisent à terre sous un maître qui les y maintient, mot qui vient de la langue latine, de Rome, qui l'appliqua si longtemps, expression de la conquête qui doit disparaître du monde moderne, où elle n'a plus de sens, et dont elle choque les principes.

On parle de régler la liberté, de lui imposer des limites. Mais où se trouve cette limite? La preuve qu'elle est introuvable, c'est qu'elle a constamment varié. Elle n'a donc d'autre règle que le caprice du pouvoir.

Et puis, existât-elle, qu'on ne serait pas plus avancé.

Ne peut-on pas aussi bien abuser de la partie comme du tout?

Et puisque la suppression et la diminution sont fondées sur l'abus, il faut la supprimer tout à fait, et à tous sans exception.

On a dit encore qu'il fallait donner la liberté, mais graduellement, à mesure qu'on en sera digne.

Mais comment jugerez-vous si on est digne ou non

5

de la liberté? Sur quoi, si on n'a pas l'usage de sa liberté?

Et qui jugera de cette dignité?

L'homme qui aura effacé toutes les volontés, pour qu'il n'y ait plus que sa volonté, permettra, lorsqu'il jugera le moment venu, qu'il y ait d'autres volontés.

C'est l'esclavage, la déchéance humaine, qui sera la préparation à la liberté, à la dignité humaine! L'esclavage, l'école de la liberté!

Mais si l'esclavage est un état moralisateur, pourquoi en sortir? Il faut y rester.

On propose de dégrader l'homme pour l'élever! Cela ne s'est jamais vu, parce que cela est impossible; l'histoire n'en fournit pas un exemple.

Quand l'homme a reçu une pareille flétrissure, qu'il n'a pas eu assez de force pour défendre sa qualité d'homme ou trouvé le courage de mourir, l'homme n'est plus. Il est un esclave, une chose, et il a mérité son sort.

Les partisans de l'esclavage des noirs avaient, eux aussi, proposé d'abolir l'esclavage graduellement, quand les esclaves en seraient dignes. Mais on sait aujourd'hui ce qu'il faut penser de la sincérité de la proposition et si jamais le jour de cette dignité aurait lui pour les malheureux noirs.

Un fait d'observation générale, un fait irrécusable, c'est la profonde abjection des peuples esclaves. Si un esclave est un homme dégradé, plus une société se rapprochera de cet état par la perte totale ou partielle de sa liberté, plus elle s'éloignera de l'état de liberté naturel à l'homme, et plus aussi elle sera dégradée.

L'homme n'est avec sa grandeur que comme Dieu l'a fait, qu'avec la liberté.

Tout ce qu'on a pu dire là-dessus ne renferme que des sophismes, de vieilles déclamations attardées dans le siècle et sans valeur.

S'il y a quelque chose qui doive faire trembler, ce n'est pas la liberté que Dieu a donnée à l'homme, c'est cette puissance effrayante donnée nécessairement par les hommes à quelques hommes, pouvoir dont l'usage peut être si fatal s'il n'est confié aux mains les plus honnêtes, à la raison la plus élevée, aux cœurs les plus purs. Car, dans cette sphère de puissance, les tentations ne sont plus en rapport avec la faiblesse de l'homme ; elles sont énormes, monstrueuses, tandis que sa faiblesse demeure la même.

En outre, encore une fois, ces idées font partie d'un passé qu'on ne verra plus ; elles ne peuvent pas s'accorder avec la théorie moderne de la délégation du pouvoir qui a été proclamée par la grande Assemblée constituante de 89, reconnue et acceptée par le monde entier comme une des plus grandes, des plus glorieuses conquêtes de l'esprit humain, la nouvelle foi des nations civilisées, affirmée en France par trois révolutions.

Un des moyens les plus puissants que le despotisme ait employés contre la liberté des peuples, c'est la guerre.

Aussi il faut voir avec quelle adresse il l'a entourée de prestiges, de séductions, cette arme puissante ! C'est à l'orgueil des peuples qu'on parle. C'est sous l'éclat des fêtes, la majesté des monuments, la solennité des honneurs, les récompenses publiques, le déploiement de toutes les magnificences des arts, des exaltations de la parole, que l'horreur et les longs deuils de la guerre sont voilés, et qu'elle s'impose à l'imagination des peuples, sous les figures de victoire et de gloire.

On a dit qu'elle était nécessaire.

Alors comment toutes les religions défendent-elles le meurtre ? — Elle est nécessaire comme la famine, comme la peste, comme tous les fléaux que la science a mission de combattre.

On a été jusqu'à dire que la guerre était même un moyen de civilisation.

La science a fait justice de cette erreur.

Il n'est plus permis, à notre époque, de répéter ce lieu commun usé, qui du reste n'a plus cours auprès des gens instruits. On ne croit plus que le meilleur moyen de civiliser les gens soit de les tuer.

Qu'est-ce que la guerre ?

On la définit la justice des nations.

Pourquoi la fait-on ?

Dans l'antiquité, elle était un moyen de s'enrichir. Elle était une espèce d'industrie. On prenait tout au vaincu, sa vie et son bien. Si on lui laissait la vie, on prenait sa personne. Elle était le bien du vainqueur, qui l'utilisait à son profit.

Elle avait donc une raison d'être, elle avait un objet.

Les causes qui la provoquaient étaient principalement des différences de race, de religion, de langages, de mœurs, de coutumes, de costumes, et l'absence à peu près complète d'intérêts communs entre les peuples, établissant ces rapports qui diminuent la force des préjugés.

Étranger et ennemi étaient alors deux mots synonymes.

Aujourd'hui, si toutes ces causes d'hostilités n'ont pas entièrement disparu, elles se sont du moins beaucoup effacées, et tendent à disparaître encore davantage avec une rapidité de plus en plus grande.

De nos jours on respecte la personne du vaincu, et on ne prend pas son bien. On a fait encore un pas de plus : on se pique de ne plus vivre à ses dépens, ce qu'on faisait encore il n'y a pas bien longtemps; on vit honnêtement chez lui en payant. On a d'ailleurs avec tous les peuples des intérêts considérables, et qui deviennent tous les jours plus importants .

La patrie, ce mot qui veut dire le pays de nos pères, celui de notre enfance, de nos souvenirs, de notre langue, de notre religion, de nos institutions, de nos coutumes, de nos habitudes, toutes choses auxquelles nous tenons si fortement par notre nature, ce mot si puissant autrefois, n'a plus la même force à notre époque.

Dans tous les États policés, on peut aujourd'hui professer sa religion librement, porter le costume qui plaît, vivre comme chez soi en respectant les lois du pays. On n'est pas absolument retranché de sa patrie. Chaque jour les chemins de fer, la télégraphie, la presse, vous apportent sa manière d'être, son sentiment, sa pensée. La civilisation a élargi la patrie.—Autrefois, à quelques pas, tout changeait autour de soi; on était dans un autre monde. Tout blessait, tout choquait l'étranger, qui ne choquait pas moins. Actuellement la différence est infiniment moins sensible de peuple à peuple qu'elle ne l'était naguère encore de province à province, et, au moyen âge, de ville à ville, de bourg à bourg. L'Europe marche de plus en plus vite vers son unité. Ses intérêts et la science l'y poussent de concert. Si on ne parle pas encore sur les bords du Rhin, de la Tamise, de la Vistule, comme sur les bords de la Seine, on y pense à peu près de la même manière.

Il y a un immense échange de choses et d'idées, de grands intérêts communs, de vastes entreprises communes. Un mouvement de fusion de plus en plus grand et rapide mêle les peuples. Pour tout homme de l'Europe, l'étranger est un homme comme lui, souffrant comme lui, ayant les mêmes joies, les mêmes douleurs que lui. Il est utile, il fait partie de la richesse générale, et la terre appartient à tous les hommes.

Avec le nouvel état des choses et les nouvelles idées, la guerre n'a plus qu'un très-faible intérêt.

Quel est le résultat? Il est fatal comme le cours des astres.

On peut le résumer :

La ruine de la population,

La ruine de la moralité,

La ruine de la richesse,

Tant du vainqueur que du vaincu. Il n'y a que la proportion qui diffère pour eux. Il y a affaiblissement réciproque des deux puissances contendantes.

De plus, il y a, pour le vaincu, un affront mortel qu'il cache soigneusement dans son cœur et qu'il brûle de venger un jour ; une haine qui éclatera à la première occasion favorable.

Pour le vainqueur, quel est l'avantage ? Quelques inscriptions sur le marbre.

S'il y a conquête, l'état des personnes reste le même, il n'y a de changé pour elles que le préambule des lois et les délimitations politiques. Ce résultat vaut-il la vie des hommes ; a-t-on le droit de l'acheter par un deuil général, aux prix des douleurs sans nom de tout un peuple ?

Il faut que la guerre soit juste et inévitable , et les cas de guerres légitimes, bien rares, vont diminuant tous les jours.

Elle est rarement inévitable.

Mais la grandeur du pays ?

Ce qui importe, ce n'est pas que je sois la cent-millionième partie d'un peuple d'esclaves ou de serfs. Quel bien peut me faire mon malheur étendu à un plus grand nombre d'hommes ? Il vaut mieux pour moi être le vingt-cinq-millionième d'un pays libre et heureux, de l'Angleterre, par exemple, le deux-millionième de la Suisse même ! Ce qui importe, ce n'est pas le malheur des autres, c'est son bonheur à soi.

Quel rapport a-t-il avec l'étendue de l'empire ?

On peut être très-malheureux dans un empire fort vaste.

Les frontières! Où sont-elles aujourd'hui avec les chemins de fer, le télégraphe électrique? Elles n'arrêtent plus ni les hommes ni la pensée.

Qu'importe que le juge soit français ou anglais? Ce qui intéresse celui qui est jugé, c'est que le juge soit juste. Qu'importe que ce tissu soit fait à Paris ou à Londres? L'essentiel pour l'acheteur, c'est qu'il soit d'un bon usage et bon marché. Ce qui importe, c'est que notre personne soit sacrée, que nous soyons libres, que notre propriété soit respectée, les engagements tenus, la loi juste. — Si ces choses précieuses manquent, on va les chercher ailleurs, on émigre, si l'on peut.

Le but de la guerre, c'est de faire à l'ennemi le plus de mal possible, en supprimant le plus grand nombre d'hommes possible. Or on ne peut lui faire un plus grand mal qu'en le détruisant complétement : là le but est complétement atteint. Eh bien! supposons que l'Angleterre ait été exterminée, qu'elle ne soit plus qu'un souvenir historique.

Faudrait-il se réjouir du résultat?

La destruction de notre ancienne rivale serait-elle utile?

Supposez un succès plus grand encore :

Supposez l'Allemagne n'existant plus qu'en souvenir : ce serait le plus grand succès rêvé ; ce résultat obtenu serait-il utile?

Demandez-le à la science. L'économie politique répondra que ce serait un très-grand malheur au point de vue de la richesse.

Mais, après avoir supprimé la concurrence des nations, il faudra aller plus loin et supprimer celle des individus. Et puis, avec qui échangerez-vous, contre quoi? Que deviendra l'émulation, ce ressort puissant de la prospérité des individus et des peuples?

Si ces nations n'existaient pas, il faudrait les créer pour notre commodité.

Si ce résultat est mauvais, si ce calcul est faux, pourquoi le faire?

Sans doute, ce serait aller trop loin que de prétendre que la guerre devienne impossible et les armées inutiles. Nous ne sommes pas arrivés encore malheureusement à ce degré de civilisation générale. Mais il s'en faut bien que le plus grand nombre de celles que l'on entreprend soient nécessaires, qu'il n'eût pas été possible de les éviter, que l'intérêt de la nation les ait dictées. Elles n'ont été, le plus souvent, qu'un moyen de diversion de l'esprit des peuples, quelquefois une manière commode de résoudre les questions embarrassantes, d'ajourner des solutions pressantes. — Il s'en faut bien plus encore que les armées soient proportionnées à la défense nationale.

Sans doute une nation ne doit pas recevoir d'insulte, mais elle ne doit pas les provoquer. On lui en adressera rarement si elle est grande et se respecte elle-même, si elle respecte les autres, si elle est fidèle à sa parole, si elle ne poursuit que de légitimes intérêts, si ses rapports avec les autres nations sont dominés par la justice.

Il est difficile de comprendre comment des hommes pieux peuvent concilier la guerre avec la loi divine qui défend l'homicide, loi qui est absolue. Nous ne savons comment il est possible à des chrétiens d'accorder là-dessus tranquillement leur conscience avec les prescriptions de l'Évangile.

Les hommes doivent avoir le courage de poursuivre infatigablement l'abolition d'un fléau qui mène tous les autres à sa suite. Mais ce sont les mères, les sœurs, les épouses qui doivent trouver dans les nobles élans de leur cœur les moyens d'obtenir l'abolition des sacrifices sanglants qui les privent de ce qu'elles ont de plus cher, en vouant à l'ignominie, à l'exécration les hommes inquiets dont la démence les ordonne.

La religion, la science, la raison, condamnent également la guerre.

La science montre que l'homme a une valeur, et une valeur très-grande, que l'homme n'a pas intérêt à la destruction de l'homme, mais à sa conservation ; que les vraies conquêtes sont celles qu'il peut faire sur la nature, que c'est à elle qu'il doit faire une guerre incessante, que là il y a pour lui profit et gloire.

Tout ce dont l'humanité jouit, qu'est-ce ?

Des conquêtes sur la nature, sur le monde physique, des conquêtes de la science.

C'est alors que son empire s'étend, sa richesse s'accroît, ses jouissances se multiplient. Sa lutte est avec la nature, et il n'est pas trop contre elle de toutes les forces réunies de l'humanité.

De ses conquêtes prétendues sur ses semblables, que lui reste-t-il?

Le malheur, des ruines, du sang, des larmes, d'irréparables désastres. C'est par un cruel abus de mots qu'on a appelé conquête la destruction.

La destruction ne donne rien. Aussi les grandes guerres ont-elles toujours signalé le déclin des nations.

Comme on ne peut plus alarmer les consciences, on cherche à effrayer les intérêts, devenus si puissants dans les sociétés modernes, et on accuse la liberté de produire les révolutions.

C'est le contraire qui est la vérité : c'est le despotisme qui en est la cause. La raison et l'expérience le prouvent.

Comment la liberté produirait-elle les révolutions?

Des hommes libres sont des hommes qui se gouvernent eux-mêmes; pourquoi se révolteraient-ils, contre qui? Contre eux-mêmes?

Oui, on se révolte, mais c'est pour reprendre sa liberté.

C'est son absence qui produit les révoltes, — et l'absence de la liberté, c'est l'oppression. — On voit toujours, en effet, la révolution succéder au despotisme : elle ne succède pas à la liberté ; donc elle est le produit du despotisme.

La compression est absolument nécessaire pour

produire l'explosion physique ou morale. Sans cela, il y aurait un effet sans cause.

Il serait temps de renvoyer aux apôtres du despotisme leurs coups ; qui donc voit-on se révolter ? Sont-ce les riches, les heureux ?

Non, c'est le peuple.

Et quand se révolte-t-il, le peuple, quand se fait-il tuer ?

Quand ses souffrances sont devenues intolérables, quand la mort est devenue préférable aux douleurs de l'existence, quand la haine et la vengeance débordent du cœur.

Un peuple qui se révolte est donc un peuple qui souffre. La misère et la souffrance sont donc des conditions de la révolte.

C'est alors seulement qu'il ose affronter la force terrible du pouvoir qui l'oppresse, et que sa colère aveugle le soulève.

Les révolutions sont toujours précédées de calamités, de mesures désastreuses, d'oppression. Ce sont elles qui amènent les catastrophes.

Mais qui donc prend ces mesures, exerce l'oppression qui amène les catastrophes ?

Le pouvoir despotique.

Alors, qui donc est coupable ? Le provocateur heureux et cruel, ou le provoqué malheureux ?

Il n'est que trop vrai qu'il y a malheureusement des révolutions terribles, sanglantes ; mais à qui la faute ?

Il serait commode, en effet, de pouvoir opprimer

les hommes sans avoir jamais à trembler pour soi-
même ; de pouvoir le faire toujours impunément.

Mais la nature, en faisant des révolutions comme
une conséquence de l'oppression, a montré par là que
l'oppression viole la nature, et elle a mis le châtiment
à côté du mal pour réprimer celui-ci. Les révolutions
prouvent que les lois de la nature ont été violées.

Dans le monde physique aussi, quand le mouvement
cesse, qu'un calme oppresseur dure trop longtemps,
l'air se vicie, devient délétère et impropre à la vie.
Alors le sol tremble, la foudre gronde, sillonne et
déchire l'air silencieux, et une agitation salutaire de la
nature ranime partout la vie qui s'éteignait, par des
moyens qui semblaient devoir en amener la destruction.

Les révolutions font de même ; elles effrayent, mais
elles raniment, par un jeu caché, le mouvement et la
vie dans les sociétés humaines qui étouffaient.

Il serait absurde que la Providence eût donné à
l'homme des facultés à condition de ne pas s'en servir,
et laissé l'homme maître de déformer son œuvre. Ce
n'est pas la faculté de manger qui produit une indiges-
tion, mais l'insuffisance ou la privation pendant un long
temps de cette faculté, et quand un médecin ignorant
met ses lois à la place de celles de la nature. L'ordre
est naturel à l'homme, car il est fait pour la société,
et les sociétés ne peuvent exister sans ordre.

Ne dirait-on pas, d'après les théories que nous
examinons, que le pouvoir a fait toujours un bon, un
noble, un utile usage de sa liberté ? N'a-t-il pas ses

emportements? Consentirait-il qu'on dressât le bilan des excès de la liberté commis par le peuple dont il parle tant, et celui de ses propres excès?

S'il y consentait, il serait effrayé et reculerait peut-être; il verrait qu'ils surpassent, d'une manière qui fait trembler, ceux du peuple, qu'ils ont une autre proportion, qu'ils n'ont pas la même excuse d'intolérables souffrances, que rien ne le forçait à les commettre, qu'ils sont plus coupables, plus dangereux; que leurs effets ont une bien autre portée, qu'ils sont autrement durables, autrement profonds; qu'ils sont généraux, qu'ils atteignent l'avenir, et que, si la raison autorisait une suppression de la liberté fondée sur l'abus, ce serait la liberté du pouvoir qu'elle conseillerait sinon de supprimer, ce que personne de sensé ne demande, tout au moins de limiter étroitement.

Quand on pense cependant qu'il dépend du pouvoir, et dans une grande mesure, de hâter ou de retarder notre marche, qu'il peut nous faire jouir ou nous priver des plus grands biens!

Qui sait de quelle civilisation nous jouirions à cette heure sans les mille entraves, les chaînes dont on a chargé si longtemps la pensée et la liberté humaines, sans la mauvaise direction donnée à nos forces, sans le mauvais emploi de la richesse nationale, sans la contrainte qu'on a exercée sur son développement?

Tout ce que nous voyons qui frappe ou charme nos regards, tout ce qui satisfait à nos besoins les plus étendus, à nos jouissances les plus délicates, tout cela, au fond, n'est que le développement de la pensée humaine exprimée de différentes manières, sous des formes variées.

Mais qu'est-ce que ce mot magique, l'État, dont on parle à tout propos?

Il n'a pas toujours signifié la même chose, ni chez tous les peuples, ni à tous les degrés de civilisation, ni de nos jours. Cet être de raison a sans cesse changé. Mais toujours et partout il s'est composé d'un certain nombre d'hommes puissants qui ont à peu près tenu constamment le même langage dans tous les pays. Humbles à leur origine, ils se sont peu à peu enhardis, et puis ils ont unanimement déclaré que l'ordre, c'était eux, la morale, c'était eux, l'honneur, c'était eux, la société, c'était eux, la dignité, c'était eux, la religion, Dieu, eux, encore eux.

Les attaquer, c'est attaquer tout ce qui est sacré; c'est rêver le bouleversement que de méconnaître leur perfection; la nier est une révolte, un crime contre la société, avec laquelle ils ont soin de se confondre.

Il n'est pas facile de raisonner avec des hommes qui sont dans cette opinion d'eux-mêmes, encore moins de les convaincre, ayant tant de bonnes raisons pour rester dans leur opinion.

Mais qu'est-ce donc que ce mot avec lequel il semble qu'on a tout dit quand on le prononce, et on le prononce souvent, l'État?

En fait, qu'est-ce?

Laissons de côté le nom qu'on a pu lui donner selon les temps et les lieux, et voyons ce que c'est. C'est Jean, Pierre, Paul, un certain nombre d'hommes enfin qui s'appellent l'État. C'est en définitive une aristocratie d'une forme ou d'une autre, mais toujours une aristocratie. Car aristocratie ne signifie pas autre chose que la puissance d'un nombre. Or ils ont le pouvoir, et ils sont un nombre.

Ces hommes se sont toujours efforcés de persuader que l'État très-fort, très-puissant, c'était le pays lui-même très-fort, très-puissant.

Il est incontestable que l'État très-fort, très-puissant, ce sont ces individus-là très-forts, très-puissants.

Mais y a-t-il vraiment une équation entre la force, la puissance du pays, et la force, la puissance de l'État?

L'assertion est loin d'avoir l'évidence, et il est permis d'en douter.

On peut, en effet, concevoir l'État très-fort, et le pays, au contraire, très-faible.

Cela dépend d'abord de quelle force on veut parler. Cela est vrai, si on veut parler de la force morale; cela est faux, si on veut parler de la force physique.

Et, malheureusement, quand on parle de la force du pouvoir, c'est de la force physique qu'on a l'habitude de parler, qu'il est ordinairement question. Et c'est ainsi qu'ils l'entendent eux-mêmes.

Qu'est-ce qui représente la force physique du pouvoir?

C'est l'armée qui représente cette force physique.

Mais une force n'a rien d'absolu; elle est relative à la résistance.

La proportion de cette armée, comparée à la résistance, représente la proportion de sa force.

Le pouvoir est faible, si la résistance lui est supérieure.

Pour que le pouvoir soit très-fort, il lui faut une très-grande armée, qui contraigne une très-grande résistance. Si le pouvoir est absolu, il faut qu'aucune résistance ne soit possible, il faut une armée la plus considérable qu'il est possible.

Et c'est après tout, en dernière analyse, une collection d'individus très-puissants qui ont à leur disposition cette force immense.

Mais pourquoi désire-t-on ce pouvoir physique très-fort, contre qui?

Or, de deux choses l'une : ou l'État représente vraiment le pays, et il a pour lui l'assentiment général, et alors pourquoi ce pouvoir fort, puisqu'il y a accord, qu'il n'y a pas de résistance à vaincre?

Ou bien il n'a pas l'assentiment général, il ne représente plus le pays, il y a désaccord, il y a une grande résistance à vaincre : dans ce cas, il faut, en effet, un pouvoir très-fort; mais alors l'État très-fort, c'est le pays très-faible.

Plus le désaccord sera grand, et plus le pouvoir devra être fort. Le pouvoir à sa plus haute puissance, ce sera le désaccord à sa dernière limite, et aussi le pays réduit à sa dernière faiblesse.

L'État très-fort, comme on a l'habitude de le dire, une armée très-forte n'a de raison d'être que momentanément et seulement pour surmonter des résistances extérieures, parce qu'une armée très-forte est en définitive la ruine d'un pays, et qu'on arrive ainsi au résultat qu'il s'agissait d'empêcher, et qui servait de raison pour invoquer un pouvoir fort.

La véritable force du pouvoir, elle est dans son accord, son union avec la nation; c'est lorsqu'il en est la représentation exacte et fidèle. On l'a toujours vu alors surmonter facilement toutes les difficultés qui se sont présentées, sortir des situations les plus compliquées, les plus dangereuses, où eussent succombé des pouvoirs qui n'auraient pas eu la force incalculable que donne cet accord unanime.

Un pouvoir plus fort qu'il ne convient va directement contre les fins pour lesquelles il existe. Il cesse d'avoir sa raison d'être. Il n'existe plus pour la société, c'est la société qui existe pour lui.

Il faut que cette force soit suffisante pour garantir l'ordre, la sécurité des citoyens, jamais suffisante pour les opprimer, si le pouvoir en avait la volonté. Sinon c'est l'anéantissement de l'individu et la ruine de la société par le pouvoir lui-même.

Sans doute tous les pouvoirs se sont fait un honneur de représenter le pays, et en ont eu la prétention. Mais, outre que, dans leur pensée, il n'a pas toujours signifié la même chose, qu'ils n'avaient pas surtout l'idée que nous nous en formons, il s'en faut bien qu'ils aient toujours justifié cette prétention. Ils ont toujours eu aussi celle de prendre la justice pour règle invariable de leur conduite. Mais, à part cet hommage public qu'ils se sont tous plu à lui rendre, on ne trouve pas que les actes aient été davantage d'accord avec les déclarations les plus solennelles.

Cependant il faut convenir, pour être juste, que, sous toutes les formes de gouvernement que ce soit, il a pu y avoir des situations où ces gouvernements, qui étaient l'expression plus ou moins exacte du pays, ont représenté ses sentiments ; mais ce n'a été que rarement, par intervalles, cela ne constituait pas un état permanent, et faisait encore moins partie d'un système politique. — Ce n'est que peu à peu que l'on s'est élevé à l'heureuse idée de la représentation.

Quand Pitt, dans un grand danger public, déclarait solennellement à la tribune que l'Angleterre, plutôt que de souffrir une atteinte aux principes qui avaient fait sa grandeur, était résolue à s'envelopper dans son drapeau et à s'abîmer au fond de l'Océan, c'était bien l'Angleterre qui parlait par la bouche de Pitt, son cœur qui battait dans sa poitrine et lui dictait les accents d'une âme libre.

On sait aussi quelle action prodigieuse répondait au feu et à l'orgueil de ces paroles.

Pitt représentait donc vraiment l'Angleterre. Il était un ministre national.

En fait, s'il eût fait une déclaration contraire, s'il eût tenu à la tribune anglaise le langage de la peur, eût-il représenté l'Angleterre ?

Et certes les exemples ne manquent pas dans l'histoire de ce pays et dans la nôtre, de gouvernements qui, non-seulement n'ont pas représenté fidèlement la nation, mais qui ont gouverné contrairement à ses intérêts, contrairement à l'opinion publique, qui ont violenté les peuples.

Il faut donc bien se garder d'accepter légèrement cette assertion, tout en se gardant de juger le passé avec des idées qu'il n'avait pas et qu'il ne pouvait pas avoir.

La représentation est un principe nouveau, le principe des gouvernements modernes. Il est fondé sur le droit reconnu des peuples de se gouverner eux-mêmes, de n'être la propriété de personne : il est fondé sur la liberté, et il marque un vrai progrès en politique. Grâce à cette idée ingénieuse, par l'élection de représentants, tous les citoyens concourent au gouvernement de leur pays.

Mais une nation n'est pas libre parce qu'elle a écrit sa liberté sur le papier. Une nation est libre quand elle a la liberté dans l'âme. Alors la liberté est dans ses mœurs. On voit qu'elle est libre parce qu'elle pense librement, parce qu'elle agit librement, parce que sa presse, sa tribune, expriment les accents d'un peuple libre ; parce que sa littérature reflète sous toutes les formes ce sentiment. La moralité domine cette société, en est une loi première, comme l'honnêteté en est la première règle.

Elle est dans ses lois, elle siége à ses tribunaux. — La liberté préside à tous les rapports du pouvoir avec les citoyens, parce qu'il est l'autorité même de la nation.

Là les principes gouvernent les hommes, les hommes ne gouvernent pas les principes. Aussi la nation est-elle religieusement attachée à ses institutions, et est-elle prête à les maintenir contre toute attaque d'où qu'elle parte, du dedans comme du dehors.

On y sent la liberté partout, on la voit dans ses monuments, dans ses jeux, dans ses fêtes. On la sent dans l'air qu'on respire ! On trouve partout la protection, nulle part la gêne. — Tous ses mouvements sont libres. — On comprend qu'une nation entière vit et palpite. Elle a la noble fierté que donne le sentiment de la liberté sans avoir l'insolence de la force. Sans doute tout n'est pas irréprochable, parce que la nature humaine est faillible et bornée, mais tout sera bien autant que cela est possible.

L'individu n'y est pas gouverné, il gouverne ; et il a ce sentiment.

Il gouverne par représentation.

Qu'est-ce que la représentation ?

On dit qu'une glace nous représente physiquement parce qu'elle reproduit notre image physiquement. Nous disons d'un homme qui pense comme nous, qui a nos idées, nos sentiments, qu'il nous représente; mais, s'il pense différemment, on ne dit plus qu'il nous représente.

La représentation politique est un contrat qui a sa loi comme tous les autres contrats, — loi que l'homme n'a pas plus faite qu'il n'a fait les lois astronomiques.

Il suppose un ensemble de faits.

Pourquoi le mandant choisit-il tel homme de préférence à tel autre pour son mandataire ?

Parce que, d'une part, cet homme lui dit : Ce que vous pensez, je le pense ; ce que vous voulez, je le veux ; il y a conformité d'opinion parfaite entre nous.

Parce que, de l'autre, le mandant croit à la parole de cet homme, qu'il a foi dans son honneur, qu'il croit à sa capacité, qu'il compte qu'il sera le représentant le plus fidèle, le plus capable de ses sentiments, de ses idées, de sa volonté.

La cause de son choix, c'est la conformité d'opinion, de volonté, unie à la capacité.

Si cet homme lui disait : Vous voulez la liberté, je veux le despotisme ; vous voulez la paix, je veux la guerre ; vous voulez l'instruction générale, je veux l'instruction restreinte, réservée à une classe ; vous voulez que la justice, le droit, dominent la force, vous êtes dans l'erreur : c'est la force qui doit primer dans le gouvernement de ce monde ; le nommerait-il pour son représentant ? Évidemment non. — Mais suffit-il que le mandataire tienne un langage qui plaît au mandant ; peut-il mettre ensuite en contradiction ses actes avec ses paroles ?

C'est demander si on peut manquer à sa parole, si on peut prendre un masque.

Dès que l'accord cesse entre le mandant et le mandataire, celui-ci ne représente plus, et, dès qu'il ne représente plus, le mandat, fondé sur la représentation, a cessé son existence.

Il serait un effet sans cause.

Le mandataire, quand il viole sa parole, rompt à l'instant le contrat.

De la nature de ce contrat découlent des conséquences nécessaires.

Le mandataire fait les affaires du mandant, il a droit à une rétribution de sa part.

Le mandant, de son côté, a le droit de savoir comment le mandataire fait ses affaires, de contrôler ses actes, — de savoir ce qu'on lui donne en échange de la rétribution qu'il accorde.

Le mandataire est responsable vis-à-vis du mandant de la manière dont il s'acquitte des affaires pour lesquelles il est payé. S'il ne montre pas la capacité que lui supposait le mandant, ou s'il l'a perdue, s'il n'agit pas dans les intérêts du mandant, celui-ci peut le révoquer, lui retirer sa confiance.

La révocabilité est dans la nature même de ce contrat.

Mais pour cela il a besoin de voir l'homme à l'œuvre.

Pour savoir si le mandataire remplit ses devoirs, il est indispensable qu'il ait connaissance de ses actes.

Le contrôle n'est possible qu'avec la publicité la plus complète de ces actes.

La publicité est la condition nécessaire de ce système.

Toutefois on a cru devoir, dans un intérêt général, faire fléchir un de ces grands principes, la révocabilité, pour un temps de courte durée. On a pensé que l'opinion publique, flétrissant l'homme qui manque à sa parole, serait un correctif suffisant.

Mais, pour que la considération publique ait une valeur, il est nécessaire que l'opinion publique soit toute-puissante, qu'elle puisse exprimer librement son éloge et son blâme.

Mais l'homme n'est pas immobile. Il change, les événements changent. Ce qu'il voulait hier, il ne le veut plus aujourd'hui ; il se croit ou il est, en effet, plus éclairé ; ses besoins ont changé. Tout est rapidement mobile autour de lui et en lui. Il disparaît. Une nouvelle génération le remplace qui a d'autres idées, qui ne lui ressemble pas davantage qu'il n'a ressemblé lui-même à ses pères.

Le mandataire représente ce qu'il y a de plus mobile au monde : l'opinion. Et cependant le pouvoir ne doit pas être l'expression de la société seulement un moment, il doit l'être constamment, à tous les instants : voilà pourquoi il est indispensable qu'il y ait entre elle et lui un immense courant, une communion d'idées toujours ouverte. Alors la société a l'existence comme un corps, au lieu d'être en réalité le sujet de quelques hommes formant une corporation, une aristocratie appelée le gouvernement, qui serait simplement substitué au pouvoir du droit divin.

Il faut donc entre la société et le pouvoir une communication que rien ne gêne, comme il faut qu'il n'y ait aucun obstacle interposé entre la glace et l'objet qu'elle doit reproduire, pour qu'elle puisse le représenter physiquement.

Cela ne peut exister sans la complète liberté de tous les membres du corps social. Il est nécessaire qu'ils puissent interroger le pouvoir librement, apprécier ses actes librement; que le pouvoir puisse, à son tour, interroger librement la nation; que rien ne s'interpose entre eux qui altérerait la vérité de leur sentiment.

Il n'y a pas d'autres moyens pour le pouvoir de représenter la nation d'une part, et pour la nation de connaître, d'autre part, si celui-ci la représente réellement.

Et le pouvoir, quand il représente la nation, ne refuse pas les moyens de produire cet accord si nécessaire des volontés, et de se mettre lui-même en état de connaître ses modifications et ses besoins. Il les donne, ces moyens, aussi amples que possible. Il fait tous ses efforts pour s'identifier avec la nation. Il ne s'en sépare pas.

Pourquoi refuserait-il ces moyens?

De quel droit les refuserait-il?

En les refusant, il donnerait le spectacle singulier du mandataire intervertissant les rôles, faisant la loi à son mandant, plus puissant que le mandant, ce qui serait absurde, et, de par le droit qu'il tient de lui, le dépouillant de ses propres droits, ce qui serait monstrueux. Mais n'est-ce pas son intérêt de connaître l'esprit qui anime la nation?

S'il ne connaît pas cet esprit, quel espoir y a-t-il qu'il connaisse ses besoins? S'il ne les connaît pas, comment gouvernera-t-il dans les intérêts de la nation?

Supposez que le pouvoir ait une intelligence supérieure à celle de tous les individus qui composent
la société, qu'il ait des connaissances supérieures à
celles de toute la société, concession assurément on
ne peut plus grande, est-ce une raison pour qu'il
gouverne en toutes choses cette société mieux qu'elle
ne se conduirait elle-même ? Si l'individu gouverne
mal sa personne, qui en souffre ? Lui.

S'il gouverne mal sa fortune, qui en souffre ? Lui
encore.

Il a donc infiniment intérêt à les bien gouverner.
On peut donc être parfaitement assuré qu'il y em-
ploiera toutes ses forces.

Qu'est-ce qui l'avertit qu'il les dirige mal ?

La souffrance qu'il éprouve bientôt.

L'erreur pour lui, à cet égard, n'est pas possible.

Mais le pouvoir ? S'il conduit mal la société, ses
affaires, en souffre-t-il immédiatement ? Nullement.
Non, il n'en souffre pas immédiatement.

Il n'est donc pas directement intéressé à les bien
conduire.

Rien de plus facile que l'erreur pour lui par conséquent. Car, s'il nuit à la personne de l'individu, il
n'en souffre pas.

S'il ruine la fortune des individus, il ne ruine pas
la sienne.

Et la souffrance ne l'avertit pas qu'il la ruine.

Il ne saura donc pas le plus souvent s'il les gouverne bien ou s'il les gouverne mal, à moins que la
liberté ne vienne corriger le défaut de cette situation,

en permettant à la société de faire entendre ses plaintes. Sinon, l'explosion seule avertit le pouvoir de son erreur.

Une nation qui est maîtresse d'elle-même doit donc pouvoir manifester sa volonté librement, constamment, et la faire exécuter.

Lorsque des entraves sont mises à la libre manifestation de ses volontés, c'est que le pouvoir prétend faire prévaloir la sienne. Cette nation n'est plus libre ; elle est possédée, quelle que soit la forme du gouvernement, le nom qu'il se donne.

Sans le droit de se réunir, de s'assembler, de se concerter, il n'y a point de liberté pour une nation. Sans l'agglomération dans les villes et la possibilité de s'assembler, de se concerter, il n'y aurait pas eu de communes. Sans les communes, la féodalité existerait encore, et sans la réunion à Paris, en 89, des notables de France, il n'y aurait pas eu la grande Assemblée nationale d'où est sorti le nouvel ordre de choses, la foi politique du monde moderne. Sans liberté d'écrire, sans liberté de réunion, un esprit général, national, est impossible.

Comment un fait si contraire à l'intérêt général a-t-il pu se produire et durer si longtemps ?

Parce que le pouvoir, l'État, comme on voudra l'appeler, est un être collectif, organisé, disposant de moyens d'action très-actifs, très-puissants, tandis que la société trop souvent n'est qu'une collection d'individus isolés, sans force, contre un corps compacte, qui a mille moyens de paralyser ses forces, d'empêcher la manifestation de sa volonté. Elle est alors un droit sans force, comme le pouvoir est alors une force sans droit.

Sans la liberté, la société n'est guère une société que de nom. Elle est une collection d'individus, pas autre chose. La vie comme société lui manque. Pour qu'elle existe réellement comme société, il faut qu'elle pense comme un corps, qu'elle parle comme un corps, et qu'elle agisse, au moyen du pouvoir, comme un corps. Celui-ci ne doit être que l'organe qui exécute les manifestations de la volonté nationale. Sinon, il y a un nombre plus ou moins considérable d'individus, et, au milieu d'eux, un corps appelé pouvoir, État, qui, au lieu de simple organe qu'il doit être, est tout, qui est le maître de la société.

Une semblable agrégation n'a pas la force d'une société ; elle est très-faible, parce que les individus qui la composent, privés de liberté, sont très-faibles.

Il n'y a là de commun qu'une commune souffrance, un commun despotisme. Il n'y a pas un esprit national, une volonté nationale, une action nationale.

Aussi la nation ne peut-elle se développer que très-lentement et défectueusement, parce qu'elle n'est pas gouvernée suivant ses aptitudes naturelles. C'est le pouvoir qui impose à tous le développement qui lui convient, le sien. L'originalité est absente. Comme cette organisation est contraire à la nature des choses, il y a entre un tel pouvoir et la société lutte sourde ou déclarée, antagonisme sous toutes les formes. Le pouvoir est principalement occupé de trouver des moyens de maintenir et d'accroître sa domination. La société, de son côté, suivant une autre loi, cherche à lui échapper et à rompre les entraves qui gênent ou qui arrêtent son essor.

Le pouvoir s'irrite dans la lutte, il traite comme des ennemis du repos public ses contradicteurs et quiconque ose présenter des observations qui l'eussent éclairé s'il avait daigné les accueillir. — Il oppose la force à la raison. Mais, dans cette voie, il est forcé d'avancer toujours, comme un conquérant; le jour où il recule, il est perdu. Alors forcément il envahit tout, il marche comme le césarisme, il tend au même but, jusqu'à ce que quelque chose de plus fort que lui le domine : la force des choses. Alors il tombe, précipité sous le poids de ses fautes accumulées et sous les ruines qu'il a faites par son impéritie et ses emportements.

Mais aujourd'hui il ne suffit pas de tenir compte de ce qui se passe chez soi, de l'opinion de son pays; il faut encore tenir compte de ce qui se passe chez les autres peuples, de l'opinion des autres peuples, et de l'opinion générale du monde.

Cela complique singulièrement et rend la tâche du gouvernement très-difficile. Il faut apprécier l'esprit général, les événements généraux du monde, l'influence qu'ils pourront exercer sur les nations et en particulier sur la sienne. — Le rôle de chef d'État exige donc à cette heure de rares aptitudes, les plus vastes connaissances, un labeur assidu, incessant.

Mais des hommes d'une telle organisation, qui réunissent un grand esprit et une grande force physique, ne sont pas communs, et l'on est amené forcément à les prendre où on les trouve dans la société.

Il serait dangereux d'oublier qu'il y a de l'autre côté de l'Atlantique un grand peuple qui, avec les institutions les plus libres qui aient jamais existé, donne le spectacle d'une prospérité inouïe. Ce n'est pas quand la liberté jette de si éblouissantes clartés qu'on peut oser contre elle les vieux sophismes dont le despotisme a vécu ; — encore moins méconnaître l'esprit du siècle, adopter une politique de retard, prendre de fausses mesures. Le mal serait grand, prompt, irrémédiable, car ce qui caractérise particulièrement notre époque, c'est son prodigieux mouvement, et une effrayante précipitation dans la marche des événements, qui rend les fautes irréparables, qui rend indispensable, par conséquent, dans la conduite politique, la décision et la précision. La plus légère erreur de calcul dans la pensée, ou le moindre retard dans l'action du pouvoir, a une gravité redoutable.

Ce fait dominant n'indique-t-il pas ce que les pouvoirs doivent faire : concentrer et restreindre leur action, afin d'assumer le moins de responsabilité possible, et se borner absolument à ce que l'individu ne peut pas gouverner?

La direction qu'exige le nouvel état du monde, une direction prompte, précise, est impossible avec les complications qui retardent et qui gênent les mouvements, tandis qu'elles obscurcissent la vue et font perdre un temps précieux qui peut tout compromettre.

La liberté individuelle ressort plus forcément que jamais de l'état des choses.

Elle devient une condition absolue d'existence pour les peuples.

Les populations sont devenues aussi mobiles qu'elles étaient jadis sédentaires, et elles le deviendront davantage encore ; elles s'échappent de tous côtés avec leurs chemins de fer, leurs bateaux à vapeur ; rien n'arrête plus la pensée. Grâce à la télégraphie, elles peuvent converser au bout du monde avec leurs parents, leurs amis de Boston, de New-York, de Philadelphie, de Washington.

Les communications sont faciles et la traversée est courte. — Or il est une loi économique bien connue : que les travailleurs vont, quand ils le peuvent, où les appellent l'élévation des salaires, le bien-être, la liberté ; les capitaux, à leur tour, vont, quand ils peuvent, de préférence où il y a pour eux sécurité et profit.

C'est sur la mer que les hommes échappent, dès qu'ils trouvent une oppression dans leur patrie ; c'est vers l'élément sans bornes qu'ils tournent leurs regards et vont chercher la liberté absente.

C'est du sein des flots qu'à une époque de confusion et de sang, la merveilleuse Venise s'est élevée par les mains de proscrits qui cherchaient la liberté. C'est sur la mer que la Hollande, combattant pour son indépendance, comptait se réfugier en cas de revers.

C'est à la mer qu'au temps des troubles de leur patrie, des Puritains n'ont pas craint de confier leur liberté et leur foi. C'est le despotisme de l'Europe qui a peuplé l'Amérique.

Aujourd'hui, certes, un autre esprit anime les populations. Elles sont plus hardies, plus entreprenantes.

Qui est-ce qui pourrait s'opposer, si un jour le mécontentement les poussait à déserter les rivages où elles végètent, si la volonté leur prenait de mettre le cap sur une terre où leur sourient au-delà des mers la fortune et la liberté?

Quelle puissance pourrait arrêter une immense émigration soudaine de l'Europe, si l'oppression des gouvernements, de coupables mesures, la provoquaient, et si, en même temps, dans un intérêt d'humanité ou par politique, l'Amérique, de son côté, trouvait bon de favoriser ce mouvement?

Est-ce là chose impossible? N'y a-t-il pas, suspendu sur l'Europe, le danger d'un immense départ qui causerait de grandes ruines, avec le rôle que jouent dans les sociétés modernes le travail et le capital, rôle qui devient chaque jour plus considérable?

La liberté et le travail sont les deux grandes lois du monde moderne.

Le progrès matériel lui-même n'est qu'une conséquence de la liberté de la pensée, une forme de cette force appelée intelligence.

Si cette force ne peut pas se développer, le progrès matériel n'a pas lieu. Si elle est entravée, le progrès matériel l'est aussi.

Les choses matérielles en effet n'existent que pour les satisfactions de notre nature, de l'esprit et du corps.

Si on les crée, c'est parce que le besoin s'en fait sentir, et le besoin n'existe que parce que l'esprit a atteint un certain degré de développement.

Plus l'esprit est élevé, étendu, plus il a de besoins à satisfaire, plus ceux-ci doivent-être variés et délicats.

L'homme dont l'intelligence est peu développée a des besoins matériels très-bornés, très-faciles à satisfaire. A mesure que son intelligence se développe, ses besoins se développent également.

Les besoins sont dans un étroit rapport avec l'intelligence. Tout ce qui nuit à l'expansion de l'intelligence nuit dans une égale proportion au développement du progrès matériel.

Aussi intelligence, civilisation, richesse, bien-être, sont des termes inséparables les uns des autres.

Mais, dit-on, il y a des lois et il faut les respecter. Sans doute rien n'est plus respectable que la loi, si ce n'est l'homme lui-même toutefois. Car la loi est faite pour lui, et non pas lui pour la loi.

L'homme doit donc respect à la loi, mais il faut aussi que la loi le respecte, c'est la première loi. Si la loi est inique, injuste, si elle viole sa liberté, sa dignité, quelque grand sentiment de la nature humaine, qui sont des lois supérieures, et on a vu de pareilles lois, l'homme est-il tenu de les respecter?

Il faut que le législateur soit pénétré de son sacerdoce, qu'il comprenne combien son ministère est re-

7

doutable, le bien et le mal immense qu'il pourra faire à ses semblables.

Il faut que la loi ne soit édictée ni par l'intérêt, ni par le caprice, ni par l'ignorance, ni par la légèreté. Il faut que la loi soit l'expression de la nature des choses, qu'elle exprime une vérité dans l'ordre moral ou dans l'ordre physique.

Alors elle a droit au respect des hommes. C'est devant la vérité que les hommes s'inclinent.

Ce n'est pas la déclaration des hommes qui fait une loi. L'homme ne fait pas plus ses lois qu'il ne fait les lois astronomiques, mathématiques, chimiques ; il reconnaît des rapports, il les constate, les proclame. — Lorsqu'il les ignorait, ces lois n'existaient pas moins. — S'il se trompe, il peut être victime de son erreur. — En mer, le marin qui se trompe sur la hauteur où se trouve son navire pourra bien aller donner sur des brisants, et payer d'un naufrage une erreur d'observation. Tous les jours il arrive des malheurs : qu'est-ce? On a mal calculé la résistance, on n'a pas tenu justement compte de la force d'expansion, la compression a été trop forte, une explosion s'en est suivie. Une loi d'équilibre a été violée, volontairement ou non ; un accident en est résulté.

C'est pour avoir méconnu cette vérité, pour avoir obéi à la colère, à la précipitation, ou à la passion du moment, pour avoir ignoré les principes qui doivent toujours guider le législateur, pour s'en être écarté, que les lois ont, en général, si peu répondu à l'attente de leurs auteurs, qu'elles ont si rarement atteint le but qu'ils se proposaient, et que souvent, pour remédier à des maux légers, ils ont causé des maux profonds, incalculables.

C'est par une fausse notion de la justice divine, parce qu'on croyait que Dieu ne pouvait laisser l'innocence succomber, qu'il ne pouvait permettre que le mal triomphât, sous peine de ne pas être juste, que l'on ordonnait le combat judiciaire.

C'est pour s'être trompé sur les vraies notions de la justice que le faux monnayage a été considéré comme un crime de lèse-majesté et puni comme tel, au lieu d'y voir ce qu'il est en réalité, un vol.

On croyait qu'au roi seul appartenait le droit de battre monnaie ; le faux monnayeur, en mettant l'empreinte royale, faisait acte d'usurpation, — et on le traitait comme usurpateur d'un droit royal.

En partant de l'idée que l'accusé, pour être justement condamné, devait se reconnaître coupable, on lui appliquait la question pour obtenir cet aveu; on le soumettait à la torture jusqu'à ce qu'il avouât, afin de mettre en repos la conscience du juge.

Une notion erronée de la religion chrétienne fut cause d'une foule d'atroces persécutions et alluma les bûchers de l'inquisition.

Les faux principes conduisent souvent à des conséquences funestes, et qui peuvent corrompre les mœurs, défaire la fortune de l'État et des particuliers, jeter en un mot le plus grand trouble dans la société.

S'il y a sur la terre une mission redoutable pour l'homme qui en est chargé, une mission qui exige une

grande science, une moralité irréprochable, une prudence rare, une expérience consommée, un esprit supérieur aux préjugés, un esprit qui devance son temps,
c'est évidemment celle du législateur. La loi portera
nécessairement le caractère de l'homme dont elle sera
l'œuvre.

C'est ainsi que les anciens se plaisent à nous représenter leurs grands législateurs, les Solon, les Ly-
curgue, réunissant toute la science, toute la sagesse
de leur temps.

Et encore le génie le plus méditatif n'aperçoit jamais toutes les conséquences renfermées dans un
principe. Bien heureux s'il ne se trompe pas sur les
conséquences immédiates !

La découverte du Nouveau-Monde, par exemple,
semble devoir assurer à l'Espagne la prépondérance
en Europe et faire d'elle la plus riche des nations, et
par contre elle se trouve devenir une cause active de
sa ruine.

Napoléon, dominé par l'idée de porter un coup
mortel à l'Angleterre, demande à la science le sucre
indigène. Elle le lui donne, mais cette découverte ne
tue pas l'Angleterre comme on le croyait ; au contraire,
elle ruine plus tard le commerce des colonies françai-
ses, elle porte la perturbation dans de grands intérêts,
cause un grave préjudice à notre marine, et fait la
fortune de quelques industriels du Nord. — Était-ce
là ce que l'on prévoyait ?

On doit respecter la loi, mais sera-t-il interdit de

la discuter, de signaler l'erreur qu'on aperçoit, lorsque l'erreur peut être si funeste?

La loi est faite pour l'homme, et il n'aurait pas le droit de dire où la loi le blesse? — A moins de soutenir que toute loi a la perfection, et que le législateur est infaillible, on pourra toujours indiquer des améliorations, des perfectionnements, comme il y en a constamment dans toutes les œuvres des hommes. Sera-ce attaquer les lois que d'indiquer ces améliorations? — Alors, qu'on dise comment le progrès est possible. — Les changements ne viendront pas d'eux-mêmes : il faut bien quelqu'un qui dise ce qui est bien et ce qui est mal.

Faut-il attendre que les auteurs des lois en corrigent les imperfections? On risquerait de ne jamais voir arriver le perfectionnement.

Si ces principes d'autorité avaient toujours prévalu, si tous les hommes s'y étaient conformés; si, par respect pour la loi et pour le législateur, personne n'eût osé montrer les défauts et les vices de la loi, si la force de la vérité n'avait fait parler, en dépit de la crainte et des châtiments, quelques hommes supérieurs à ces sentiments, où en serait l'humanité? Si nos lois se sont améliorées comme toutes choses, c'est parce que des hommes qui n'étaient pas les législateurs ont montré la vérité.

N'oublions pas que ces hommes ont été persécutés, condamnés. Les écrits du doux Fénelon même n'ont pas été épargnés; ceux de Voltaire, de Rousseau, ont été brûlés par la main du bourreau. Chaque siècle a répété la même chose. Les novateurs depuis le commencement du monde ont été signalés comme des hommes dangereux, des ennemis du repos public, qui venaient troubler l'ordre de la société. Ils ont été regardés comme la cause de tous les désastres, et rendus responsables de tous les malheurs

Cependant ôtez de l'histoire quelques grandes vertus, quelques savants, quelques philosophes, quelques grands poëtes, quelques idéologues si vous voulez; et voyez ce qui reste pour l'humanité !

Parmi les modernes, supprimez Descartes, Pascal, vous aurez encore le règne de la scolastique; la raison recule. Supprimez les philosophes, supprimez J.-J. Rousseau, Voltaire, vous n'aurez pas leurs erreurs, sans doute, mais vous aurez encore l'intolérance, les bûchers, la question ; supprimez Watt, et vous aurez encore les coches, les bâtiments à voiles ; supprimez Franklin, Ampère, et vous supprimerez l'électricité, le télégraphe électrique.

C'est à quelques hommes de génie souvent persécutés, quelquefois martyrs, que nous devons la civilisation dont nous jouissons et dont nous sommes fiers. Voilà des faits irrécusables. Aussi la perte d'un homme de génie est-elle une perte irréparable pour l'humanité.

La disparition d'une vaste intelligence, c'est une grande lumière qui s'éteint dans le monde.

Cependant des changements s'opéraient au sein de la société et des pouvoirs ; le monde marchait sans qu'ils s'en aperçussent, et leurs successeurs, à leur tour, proscrivaient la vérité, et défendaient l'état de choses nouveau avec d'aussi solides raisons que leurs devanciers avaient soutenu celui de leur temps, et repoussaient de même les innovations avec des moyens peut-être un peu moins violents. C'est une répétition éternelle : l'ordre, c'est ce qui est ; le pouvoir est toujours la perfection pour ceux qui le possèdent ; la résistance à toute modification de l'ordre établi leur paraît toujours un devoir. Aucun d'eux n'a manqué de docteurs pour prouver, dans des divagations sans nombre, leurs droits de traiter, comme ils l'ont fait, leurs adversaires, et pour établir que ces mêmes adversaires n'avaient pas le droit de les traiter comme ils ont fait quelquefois.

Le progrès s'est accompli malgré la répression ; mais la répression a retardé le progrès. De mauvaises lois ont été changées sans doute, mais le mal qu'a produit une mauvaise législation n'a pas été moins réel. Il n'est au pouvoir de personne de faire que les victimes n'aient pas cruellement souffert.

Nous savons que la conscience des législateurs ne leur reprochait rien, que ce qu'ils faisaient leur semblait une chose naturelle et juste. Ce qui existait devait-il jamais finir ?

Ce qu'ils faisaient n'était-il pas nécessaire à la conservation de la société ? Ne fallait-il pas la défendre contre les attaques ? Ils étaient satisfaits ; tout le monde ne devait-il pas l'être ?

Le souverain, il croyait avoir le droit de faire ce qu'il faisait, et il le faisait de la meilleure foi. Ne lui disait-on pas qu'il représentait Dieu sur la terre, que tout était à lui ?

Pouvait-il en douter?

Il n'y a pas longtemps encore, la liberté de la locomotion existait à peine. Les passe-ports n'étaient-ils pas regardés, en Europe, comme nécessaires au salut de l'État? Que répondaient les politiques à ceux qui en demandaient la suppression?

Ils déclaraient cette liberté incompatible avec la sûreté de l'État.

Ils ont été abolis, et cependant les États subsistent.

Mais les entraves qu'on a mises ainsi pendant si longtemps au commerce, à l'industrie, la gêne infinie apportée à la communication des hommes entre eux, n'en ont pas moins existé. On a pu abolir ces entraves, mais on n'a pas aboli les effets produits par l'ignorance de quelques hommes, qui se disaient des hommes politiques. Il n'est au pouvoir de personne de faire que ces tristes effets n'aient pas existé. La liberté des honnêtes gens, de la nation, des peuples, a été entravée parce que quelques coquins auraient pu échapper à la justice, et on ne le voulait pas. Il fallait donc un passeport pour circuler en France, pour en sortir. Ensuite, par une étrange contradiction, il en fallait un pour y entrer; on ne voulait pas que quelques coquins pussent y entrer.

Ces hommes se trompaient, nous le croyons : la faillibilité humaine est une excuse, mais alors il faut avoir la conscience de cette faiblesse, avoir la modestie qu'elle doit inspirer, ne pas prétendre perpétuellement à l'infaillibilité, se laisser discuter, puisque les erreurs que l'on peut commettre sont si cruelles pour l'humanité.

Mais il ne faut pas non plus aller trop loin dans cette voie. Sans doute il serait injuste d'attribuer au compte de la perversité humaine les choses des temps passés qui nous révoltent. L'ignorance, croyons-nous, en réclame la plus grande part; mais il ne faut pas non plus faire les hommes trop candides : ce serait tomber dans une autre erreur, de croire que tous ces hommes ont agi par ignorance.

Il y a eu de tout temps des hommes fort supérieurs à leur époque, très-clairvoyants, et qui ont mis leur supériorité au service de leurs passions. Ni Cicéron, ni César, ni probablement la majeure partie de l'aristocratie romaine, ne croyaient à la religion officielle, à ses dogmes, à leurs droits, à la fabuleuse origine qu'ils s'attribuaient publiquement pour les étayer.

La loi, comme toutes les œuvres humaines, est susceptible d'erreur, susceptible d'amélioration, de perfectionnement. Elle tend à la perfection, c'est son idéal, mais elle ne l'atteint jamais. Le législateur est faillible.

La loi doit donc pouvoir toujours être discutée, à la condition que ce soit avec respect et convenance. Ses effets sont trop graves pour qu'il en soit autrement.

Puis c'est à ses effets qu'on reconnaît la valeur d'une doctrine. Nous voyons des États qui paraissent sur la scène du monde, qui y jouent un rôle ; tous ont brillé avec la liberté ; tous ont décliné et disparu dans le despotisme. Nous avons droit de conclure que la liberté élève les États, que le despotisme les précipite, que la liberté est le grand ressort des États.

La Grèce, par exemple, jeta un éclat immortel tant que dura l'ère de la liberté. A l'apparition du despotisme, cet éclat pâlit, sa gloire décline et tombe.

Rome s'élève à son tour, brille avec la liberté, puis, quand se montre le despotisme, sa décadence approche. Elle s'abîme enfin lorsqu'il est à son apogée, sous les Césars.

Au moyen âge, la liberté fait une apparition en Italie; alors s'élèvent ces brillantes républiques qui jettent un éclat vif et éphémère comme leur liberté, qui rentrent dans l'ombre quand celle-ci tombe, comme pour être un nouveau témoin que la civilisation ne brille qu'avec elle.

L'Espagne présente une civilisation remarquable jusqu'au moment où le despotisme politique et religieux s'empare de cette nation généreuse et la plonge dans les ténèbres et la misère.

Si on a vu ces nations, dans d'autres temps et avec d'autres systèmes politiques, heureuses, prospères, prodigieusement actives, industrieuses; si ensuite on les voit avec le despotisme malheureuses, inactives, abandonnées à une inertie funeste, n'est-on pas en droit de conclure que leur état est l'œuvre du système politique ?

Quand autour de nous ce sont les pays libres, l'Angleterre, la Belgique, la Suisse, la Hollande, les États-Unis, qui marchent à la tête de la civilisation, n'est-on pas en droit de conclure que leur état est l'œuvre du système politique ?

Si des nations qui occupent le même sol, qui sont numériquement les mêmes qu'au temps de leur splendeur, sont déchues, ne faut-il donc pas qu'il leur manque quelque chose qui a fait jadis leur force et leur gloire ?

Il leur manque le plus puissant ressort de l'homme, la force morale, cette noble force que rien ne supplée, et dont rien n'est davantage et plus rapidement destructeur que le despotisme. Cette force est morte chez elles. Ces nations n'ont plus d'âme, si on peut parler ainsi. Leur vie comme nation est éteinte. Il ne reste plus que çà et là quelques brillantes individualités devenant de plus en plus rares.

Or c'est la force morale, on ne peut assez le dire, qui fait la grandeur des nations comme elle fait celle des individus, et sans liberté il n'y a pas de force morale possible.

On parle beaucoup d'équilibre politique, mais on ne paraît frappé que d'une chose, de la force matérielle, du nombre des habitants, de l'étendue d'une frontière. Les vieilles habitudes prévalent encore ; on perd de vue que l'équilibre est le résultat de toutes les forces d'un peuple, physiques et morales, comparées à celles d'un autre peuple ; qu'il est rompu sitôt qu'il s'opère un changement dans les proportions, dans les combinaisons et les relations entre elles de ces divers éléments. La force est chose relative et essentiellement mobile. La puissance la plus forte ne conserve son rang qu'à condition que toutes choses restent en le même état, non-seulement chez elle, mais encore chez les autres. Ce miracle de stabilité n'existe pas; visibles ou invisibles, des modifications ne cessent de s'opérer au sein des sociétés comme des individus; la nature poursuit son cours. Cependant vienne le moindre changement dans les termes de l'équation, et l'équilibre s'évanouit.

Il faut donc, si on veut le conserver, sans cesse augmenter, de toute sa force, la valeur des éléments dont se compose la puissance nationale, en donnant la préférence au plus important, et cette importance elle-même varie aussi. Tandis qu'autrefois, au moyen âge, la force physique était l'élément dominant, suffisait à peu près à tout, aujourd'hui l'intelligence, qui donne la richesse et la force, est l'élément de plus en plus prépondérant. C'est donc celui-là qu'il faut élever à la plus haute puissance, sous peine de déchéance. Mais l'intelligence ne peut se développer sans la liberté. On est sûr que tout ce qui la gêne sera un affaiblissement de l'élément le plus important, de celui qui donne la puissance de nos jours.

La liberté devient une nécessité politique de premier ordre.

Ces effets de la liberté ont de tout temps frappé les esprits impartiaux.

La liste de ses défenseurs serait aussi illustre que longue.

La liberté a eu pour défenseurs ce que l'humanité a produit de plus noble et de plus grand. Les âmes les plus hautes ; les douces victimes du Cirque, les vierges, les martyrs, les confesseurs ; les plus résolus, les plus fiers courages de l'antiquité et des temps modernes, les Brutus, les Cassius, les Caton, les Thraséas, les Spartacus ; les Sydney, les Hampden, les Washington ; les plus puissants esprits, en un mot, ont plaidé sa cause dans tous les temps et l'ont revendiquée comme un droit sacré, imprescriptible, de l'homme.

Ses persécuteurs ont été ce que l'humanité a eu de plus vil, les âmes les plus basses, depuis les Tibère, les Néron, les Séjan, jusqu'aux Torquemada. Ils ont tué, brûlé, torturé leurs semblables sans pitié. Ni la douleur, ni les larmes, ni l'âge, ni la science, ni la vertu, ni le génie, rien n'a pu toucher ces hommes.

La liberté a germé dans le plus noble sang ! Elle a eu les plus illustres champs de bataille du monde ancien et nouveau. La terre que nous foulons a été le théâtre de la plus noble, de la plus longue résistance. Là des populations entières ont préféré une complète destruction au despotisme.

Toute liberté qui tombe sur le globe est un fragment de bonheur et de grandeur humaine qui tombe ; toute liberté qui surgit, en quelque lieu que ce soit, est un rameau de l'arbre qui a grandi au milieu des tempêtes, qu'a arrosé le plus généreux sang des hommes, et qui abritera un jour la race humaine reposant dans la paix que lui aura faite la science.

Comment ne voit-on pas que c'est parce que l'homme peut choisir entre le bien et le mal qu'il est noble et que ses actions sont morales, que c'est cette liberté qui fait sa grandeur ? — Sans doute on pourrait former bien des souhaits. On pourrait désirer peut-être que la vie de l'homme fût moins courte, sa raison plus haute et plus ferme ; qu'il fût exempt des maladies et des infirmités auxquelles sa nature est soumise, qu'il fût à l'abri des accidents qui l'assiégent de toute part ; l'imagination de chacun peut là-dessus se donner carrière. Mais il ne s'agit pas de cela. Il faut l'accepter tel qu'il est. C'est sur cet homme-là qu'il faut raisonner, et non sur un être imaginaire.

Il est impossible de voir dans les hommes qui soutiennent des doctrines qui ne sont pas seulement fausses, mais qui ont de plus le tort d'être si dangereuses à notre époque ; il est impossible de voir dans ces hommes des philosophes, des penseurs, encore moins des politiques qui ont eu l'expérience des affaires, des hommes d'État. On ne peut voir en eux que des hommes qui n'ont foi ni à la vertu ni à la vérité, et qui veulent conserver à tout prix le pouvoir, qui pour cela voudraient faire de la société un couvent de moines ; qui iraient encore plus loin, qui appliqueraient, s'ils le pouvaient, la règle qui régit une société célèbre, qui aboliraient jusqu'à la volonté humaine. Mais ils oublient que, si ces religieux l'abdiquent, c'est volontairement et parce qu'ils croient le sacrifice de cette volonté le plus grand que l'homme puisse faire à Dieu ici-bas, et avec l'espoir qu'il est le prix d'une éternelle félicité. Mais nous, pourquoi l'abdiquerions-nous ? Contre quoi ? Pour qui ?

Le philosophe est celui qui prend les choses telles que Dieu les a faites, qui les étudie et recherche leurs lois, et non celui qui crée un être chimérique pour le traiter à sa fantaisie, qui n'a de règle que le caprice de son esprit; le politique est celui qui étudie aussi ces lois, leurs rapports, et les modifications que les circonstances, les temps, les lieux peuvent y apporter, et qui s'efforce de tirer de cette connaissance le meilleur parti possible, à la poursuite d'un noble idéal, rêve d'un grand esprit et des âmes généreuses et qui a toujours pour fin dernière la justice. — L'homme puissant n'est pas celui qui a peur d'une force et cherche à l'anéantir; c'est celui qui, comprenant que toute force a une destination, s'en empare et la dirige utilement.

Il faut appliquer les mots selon la réalité. Détruire la liberté, ce n'est pas gouverner, c'est enchaîner. Ce n'est pas pour cela que la Révolution française a ébranlé le monde jusque dans ses fondements. C'est ne rien comprendre aux événements qui se sont accomplis, à l'ordre nouveau des choses, aux gigantesques progrès qui dépassent les rêves les plus audacieux, à l'état actuel du monde.

Comment ne voit-on pas les changements que la vapeur et l'électricité, qui ne sont encore qu'à leur début, ont apporté sur le globe? Et c'est lorsque l'homme est maître de ces deux grandes forces de la nature, qu'on pourrait encore songer à retenir captifs la pensée et les hommes? Vouloir arrêter la liberté

qui rayonne, ce serait une entreprise ridicule et pé-
rilleuse.

Elle n'est plus, à cette heure, la faible flamme qu'on
pouvait étouffer à ses commencements. Ce serait un
rêve aussi impossible que celui d'éteindre la lumière
du jour, cette lumière que des nuages peuvent un instant voiler. Ce serait une entreprise comme celle de
l'enfant qui, en face de l'Océan, se prend à vouloir l'é-
puiser, et songe à le mettre dans le trou que ses faibles mains ont creusé à cet effet ; mais la tentative
serait moins innocente, et aurait d'autres effets.

La liberté humaine est indestructible. Tous les efforts tentés pour la détruire en sont la preuve. On peut
la comprimer pendant un temps, on peut l'étouffer en
apparence ; mais elle ne périt pas, au contraire.

L'immortelle flamme est comme ces feux qui ne
paraissent s'éteindre que pour se ranimer plus impé-
tueusement.

Tel est le spectacle qu'elle nous offre depuis que
l'homme est sur cette terre. — Toujours elle s'étend,
toujours elle avance.

Ce n'est pas lorsque le dernier vestige de l'esclavage antique vient de disparaître de la terre qu'on
pourrait désespérer d'elle.

Les malheureux noirs n'ont rien fait pour la reconquérir, incapables qu'ils en étaient, et cependant
leurs fers sont tombés d'eux-mêmes.

C'est un fait très-considérable, d'une haute portée,
qui constitue le plus grand honneur de notre siècle, et
donne une mesure de la puissance actuelle de l'opi-

nion publique et du progrès de la raison que ce grand acte d'humanité et de politique. Mais les malheurs que cette longue iniquité ont attirés sur les nations qui s'en sont le plus rendues coupables, montrent qu'on ne viole pas impunément les lois de la justice, et qu'elle préside plus qu'on ne croit aux choses de ce monde. La lutte qui a ensanglanté les États-Unis l'atteste.

Cependant, quand on voit les peuples être si long-temps le jouet des passions de quelques hommes, on s'arrête étonné, effrayé, on se demande comment ce fait a pu se produire et durer.

Si on observe attentivement l'organisation des so-ciétés, si on réfléchit, on trouve l'explication de cet étrange phénomène. Comment pouvait-il arriver autre chose que ce qui est arrivé?

Nous voyons, d'un côté, le pouvoir ayant la dis-position de toutes les forces sociales; la disposition de la force, la disposition de la fortune; la disposi-tion des honneurs, des dignités, des places, la dispo-sition de la vie de tous les citoyens, par la paix ou la guerre; ayant infiniment plus de puissance que la faiblesse humaine n'est capable de raisonnablement supporter; et, de l'autre, l'individu avec toute sa fai-blesse. D'un côté toutes les forces, de l'autre point de force. — Pourquoi de si grands moyens entre les mains de quelques hommes? dans quel but?

Pour maintenir l'ordre que pourraient troubler quel-ques faibles individualités mauvaises, dans la société, et pour la défendre contre les ennemis du dehors,

Mais y a-t-il la moindre proportion entre les moyens et l'effet à obtenir? Le pouvoir a-t-il besoin de dépouiller l'individu de toutes ses forces pour obtenir ce résultat?

Et on s'étonnerait qu'ayant des moyens hors de proportion avec le but, qu'ayant une force infiniment grande quand une force très-médiocre suffirait, qu'ayant infiniment plus de force que la nécessité n'exige, il ne la laisse pas sans emploi, mais qu'il la tourne si souvent contre l'individu et contre la société elle-même ! Que cette force reste en repos, est-ce possible? Une force qui n'est pas agissante n'est pas une force. Le pouvoir a donc agi selon son organisation. Il a fait la guerre tantôt au dehors, tantôt au dedans ; il s'est fait commerçant, il s'est fait industriel, il s'est fait entrepreneur, il a fait usage de son activité et de sa force, son énorme individualité s'est emparée de tout.

Les sociétés opprimées se sont révoltées ; mais dans leur exaspération elles n'ont aperçu que les hommes, les causes leur ont échappé, et ont ainsi survécu à tous les changements. Aussi qu'est-il arrivé? Que la principale cause qui n'était pas détruite, à savoir l'immense disproportion des moyens avec le but, a bientôt produit les mêmes effets. On a tourné dans un cercle vicieux : la même cause a produit la même oppression ; la même oppression a produit les mêmes agitations, les mêmes révolutions.

Alors on n'a songé qu'à la destruction complète de ce qui était, au lieu de songer à une modification. On n'a pas songé à fonder un édifice durable. On s'en est trop pris aux hommes, sans comprendre qu'il fallait aussi s'occuper des choses, des situations.

Les pouvoirs se sont donc succédé, mais, obéissant à leur nature, ils ont cherché à leur tour, dès qu'ils se sont reconnus, à conserver leur nouvelle position, et pour cela à étudier comment le précédent pouvoir avait péri, les moyens pour eux d'éviter la même défaite; et un despotisme plus habile, mieux constitué, a souvent succédé à l'ancien. La société confiante, pleine d'espoir et fatiguée des luttes, s'est trouvée plus faible qu'avant. Elle s'est un jour réveillée plus enchaînée. Et quand elle a voulu protester contre les nouveaux abus, elle n'a plus eu le même succès dans ses attaques, que le pouvoir avait prévenues. — Il a fallu que le pouvoir s'endormît encore dans la sécurité trompeuse que donne la victoire, ou que le temps apportât de nouvelles armes.

La première chose devait être de réduire le pouvoir, de retrancher ce qu'il avait successivement empiété, de ne lui donner que les forces dont il a besoin pour le but qu'il doit atteindre, au lieu de lui abandonner toute la force sociale, qui lui fait une loi de dépasser ce but. La raison conseillait de restreindre cette puissance exorbitante dont l'expérience avait prouvé les dangers, en montrant qu'il ne suffit pas de tenir compte des hommes, mais qu'il faut aussi tenir compte d'autres éléments, de leur situation, des moyens qu'on leur donne; qu'il n'est pas sage de compter sur une vertu surhumaine, qu'il ne faut compter que sur une vertu moyenne ; qu'il ne faut pas tenter les hommes.

La même cause reproduira éternellement les mêmes effets. Un pouvoir immodéré n'aura jamais de modération.

La société a une armée pour repousser la violence de quelques individus, et elle n'a rien pour repousser la violence d'une armée. Elle redoute la violence d'un individu, elle ne redoute pas la violence de cent mille individus ! Elle tremble devant l'individu sans armée, elle est tranquille quand il a une armée !

Ce n'est pas tout. L'individu a une garantie contre l'individu. Tout a été prévu, organisé sous ce rapport. Les attaques individuelles rencontrent une répression prompte, sévère. Il y a des lois à cet effet ; il existe des tribunaux, il y a une sanction, il y a une force irrésistible. La crainte du châtiment prévient le mal de l'individu.

Mais le pouvoir peut aussi attaquer l'individu ; il peut attaquer la société. Où trouve-t-on l'organisation qui protége contre de si hautes, de si puissantes attaques?

Où sont les tribunaux, où est la sanction pénale, où est la procédure, où est dans ce cas la force qui contraint?

Là-dessus toujours le silence.

La crainte du châtiment n'existe pas pour le pouvoir.

Le pouvoir exerce la justice ; il n'est pas justiciable. Cela est facile à comprendre : c'est le pouvoir qui fait les lois, et on ne fait pas de loi contre soi-même ; on ne se punit pas soi-même.

Cependant le danger auquel on est exposé de la part d'une force très-grande est plus grand que celui que fait courir une faible force.

La société n'a-t-elle pas encore plus d'intérêt à être efficacement protégée contre un mal très-grand que contre un très-petit ?

Si l'individu contre lequel sont prises de si formidables précautions est livré à des suggestions dangereuses, il n'a du moins à combattre que ses propres suggestions ; l'homme au pouvoir n'a pas seulement à combattre ses suggestions à lui, mais encore une foule d'incitations étrangères qui l'assiégent et qui le poussent au mal. Tout est à ses pieds, et il ne voit rien au-dessus de sa tête. Il peut tout et il n'a rien à redouter. Qu'est-ce donc qui l'arrêterait ?

L'intérêt de la société exige une prévention salutaire dans la responsabilité du pouvoir étendue à tous ceux qui seraient tentés d'être les complices de mauvais desseins.

Il eût été nécessaire d'assurer la répression par une organisation qui ne fît pas de cette responsabilité un vain mot.

Quelle est la justice qui punit l'individu causant un préjudice à la fortune d'un particulier, et qui laisse impunie la dilapidation de la fortune d'une nation, ou les mesures qui lui occasionnent les plus grands préjudices ? Quelle est la justice qui punit les blessures et le meurtre d'un individu, et qui laisse impuni celui qui aura précipité, sans justice ni raison, une nation dans une guerre qui la décime?

Quelle est la raison de cette impunité? Si elle est nécessaire au pouvoir, ce serait le cas de dire qu'il y aurait là un remède pire que le mal qu'il a pour but d'empêcher. Quelle est alors cette justice qui frappe le faible et qui respecte le puissant?

Est-ce là l'idée que nous devons avoir de la justice, et ce qu'elle doit être dans une société bien ordonnée?

Est-ce une justice régulière?

C'était bon, c'était logique, quand les peuples n'étaient rien et que les souverains étaient tout, quand un monarque pouvait dire : L'État, c'est moi! Aujourd'hui les peuples sont tout, et ils veulent être respectés. La logique veut l'accord des choses avec les principes. Y a-t-il rien de plus choquant que cette haute impunité pour notre principe d'égalité?

La justice et la raison demandent que la société ait de sérieuses garanties du côté du pouvoir comme elle en a du côté de l'individu, car l'expérience a appris que, mauvais, les actes du pouvoir sont les plus dangereux pour lui et les plus funestes.

Mais toute idée, avant de passer dans le domaine des faits, a besoin de germer dans l'esprit. — Il était nécessaire que l'opinion publique fût convaincue fortement comme elle l'est à cette heure.

Nul doute qu'un temps ne vienne bientôt, où les peuples, perfectionnant avec l'expérience leurs institutions et les complétant, rempliront cette importante la-

cune contre laquelle réclament nos mœurs ; où la responsabilité du pouvoir tout entier sera établie non-
seulement en droit, mais en réalité, au moyen de lois
pratiques et efficaces ; où les criminalistes, de leur
côté, cédant au vœu de l'opinion publique, dirigeront
leurs recherches vers cette grande question, et don-
neront au crime contre la liberté des sociétés la
place qu'il doit occuper dans l'échelle pénale par
sa nature et sa proportion. C'est l'impunité du
pouvoir et de ses complices qui a encouragé tous ses
empiétements, tous ses excès. Une sanction ne les
eût sans doute pas tous empêchés, pas plus qu'elle
ne prévient complétement ceux des individus, mais
elle en eût certainement prévenu un grand nombre.
Croit-on que s'il y avait des peines proportionnées
au crime, une procédure claire et facile, une sanction réelle, imprescriptible, que s'il était périlleux
d'entreprendre contre la société, que si ce n'était pas
un jeu où l'on peut toujours gagner sans jamais perdre, les pouvoirs n'y eussent pas regardé à deux fois
avant de bouleverser la société ; que ce n'eût pas
été un frein salutaire, qui aurait évité bien des malheurs et bien des catastrophes ? — C'est dans le siècle
de la science que doit finir le règne des fictions, des
fictions dont on a trop abusé.

On partait de ce principe faux que la liberté produit
les révolutions, et on s'attachait autant que possible à
là supprimer ou à la réduire.

La vérité étant, au contraire, que c'est le despotisme d'un seul ou de plusieurs, peu importe, qui pro-

duit les révolutions, la conséquence doit être de prévenir le despotisme.

Or, un des meilleurs moyens, n'est-il pas d'attacher le péril, le châtiment au despotisme ?

D'ailleurs, cette réduction du gouvernement est nécessaire : le gouvernement suppose une supériorité dans celui qui gouverne. Il suppose un individu qui ne sait pas ou qui ne peut pas se gouverner lui-même. Si l'individu n'a pas atteint l'âge de raison, on le gouverne. On cesse de le gouverner dès qu'il peut se gouverner lui-même. On gouverne un incapable ; si la capacité lui revient, on lui rend le gouvernement. Si les deux individus sont également capables, il n'y a pas de raison pour que l'un gouverne l'autre.

Si tous les hommes étaient parfaitement capables de pouvoir et de vouloir se gouverner, l'action du gouvernement se réduirait à fort peu de chose.

Est-il possible de nier qu'aujourd'hui les peuples soient arrivés à leur majorité ?

Le rôle du pouvoir n'est-il pas de tenir compte de ce fait, de se dessaisir de son gouvernement en proportion que s'est accrue la capacité générale des peuples, et de reculer dans de justes bornes ?

Il gagnera en élévation, en solidité, plus qu'il ne perdra en apparence.

A mesure que la civilisation s'élève, le rôle de l'individu grandit, celui des gouvernements diminue.

Ils ne suffisent plus à leur tâche, la partie qu'ils ne peuvent plus gouverner leur échappe des mains forcément et passe dans celles de l'individu. — Les rôles sont renversés, par la force même des choses.

A quoi peut-on juger qu'un individu, qu'une nation sont capables ?

Aux preuves qu'ils en donnent; il faut, pour prononcer, remonter des choses aux hommes.

Peut-on avoir des preuves plus éclatantes, plus multipliées d'intelligence que celles que présentent les grandes nations de l'Europe?

Les plus admirables inventions dans tous les genres, les plus étonnantes découvertes, incessantes, prodigieuses, sont devant nos yeux qu'elles éblouissent ; ne sont-ce pas des arguments convaincants?

Si ce n'est pas suffisant , que faut-il de plus ?

Mais où donc est la supériorité de ceux qui s'arrogent le titre de précepteurs des peuples, de tuteurs, où est la preuve d'une intelligence supérieure, d'une sagesse supérieure? — Où sont les actes qui justifient leur prétention ?

La trouve-t-on, avec la meilleure volonté de l'y voir, dans leurs œuvres ? — Ont-ils assuré la paix entre les nations, diminué les cas de guerre ? Qu'ont-ils fait pour mériter la reconnaissance des peuples? que leur doit-on ?

Quand le pouvoir est plus capable que la société, il la devance, au lieu de se laisser distancer par elle. — Il marche en tête, au lieu de marcher à la remorque et de retarder ses progrès. — Singuliers précepteurs qui n'ont pas la force de suivre leurs pupilles !

La liberté sera à son tour une vérité de fait : — alors

on n'écrira plus de gros livres contre elle; on conviendra que le despotisme a fait tout le mal. — Ceux qui les écrivaient feront un emploi plus utile et plus moral de leurs facultés. — Il en sera des idées contre la liberté comme de tant d'autres qu'on croyait éternelles. Les idées fausses passent comme l'erreur, la vérité seule reste. — Les lois les plus détestables ont eu des défenseurs, des avocats habiles, passionnés, peut-être convaincus. — Il y a eu des pouvoirs qui ne doutaient pas le moins du monde de la bonté de leur cause, quoiqu'elle fût mauvaise.

Il en sera bientôt de même de la responsabilité des pouvoirs ; elle entrera à son heure dans la réalité de ce monde.

Alors on cessera de s'en occuper : ce sera une question résolue de fait.

Elle occupera dans les institutions la place que son importance mérite, et on s'y attachera avec autant de soin qu'on semblait en avoir mis à l'en exclure. — Et cette garantie tutélaire semblera une chose toute naturelle, ayant existé de tout temps. Elle n'aura plus d'adversaires.

Il y a des personnes qui aiment à se décharger du souci de la chose publique. Elles se reposent sur la force des choses, plus forte, disent-elles, que toutes les lois, que tous les hommes; elles s'en remettent volontiers à elle pour la conduite des affaires humaines. Cette force des choses est leur espoir. Ils croient que cette force gouverne seule le monde. Une telle manière de voir est fausse, et ne saurait servir d'excuse

pour se dispenser d'agir. — Sans doute, lorsque l'Inquisition forçait Galilée, à genoux devant elle, de ré-
tracter ses prétendues erreurs, de déclarer que la terre
ne tournait pas, cela n'empêchait pas la terre de tour-
ner ; mais la violence du tribunal sur ce grand homme
a certainement retardé la connaissance d'une grande
loi de la nature, et découragé sinon arrêté l'esprit de
découverte. — Lorsque le tribunal révolutionnaire
condamnait à mort Lavoisier, il n'abolissait certes
pas non plus la chimie ; mais la mort de l'illustre chi-
miste n'était pas moins un coup fatal à la science dont
elle retardait les progrès, et qui a privé ses contempo-
rains des découvertes qu'il eût encore pu faire.

Croit-on que la nature produise tous les jours des
hommes de génie ? Ce n'est que de distance en distance ; il lui faut des siècles pour former ses chefs-
d'œuvre. — La force des choses ! Il ne faut pas, sans
doute, méconnaître l'existence de cette force ; mais la
force de l'homme aussi existe, et il ne faut pas oublier
que l'homme a un rôle à remplir. Laissez donc faire
la force des choses seule, et vous verrez bientôt où ce
beau système conduira. Quel est l'homme qui con-
duise ses affaires sur ce principe ?

L'humanité n'avance qu'à travers la résistance, et
tout progrès est le prix d'une lutte, d'un effort, d'un
travail incessant qui l'ennoblissent. — La liberté fait
partie intime de notre nature, elle en est inséparable.
Elle n'est pas une faculté ; elle est toutes nos facultés,
avec lesquelles elle se confond.

La liberté est l'ensemble de ces facultés, qui n'exis-

tent qu'avec elle et ne vivent que par elle. On dit la
liberté pour exprimer cet ensemble, comme on dit
l'homme pour exprimer l'ensemble de ses facultés.
Qu'est la liberté de la parole, s'il n'y a pas la parole?
et qu'est-ce que la parole, s'il n'y a pas la liberté de la
parole? Qu'est-ce que la liberté d'écrire pour celui qui
ne sait pas écrire? et qu'est-ce que la faculté d'écrire
sans la liberté d'écrire?

En supprimant chez l'individu la liberté de ses
facultés physiques, on supprime à la fin ces facultés.
En supprimant la liberté de ses facultés intellectuelles
et morales, on supprime également à la fin ces facultés. De même on diminue leur puissance en proportion de la contrainte qu'on exerce sur elles. — Ces effets sont une atteinte à la personnalité humaine, qui
est sacrée tant que l'homme n'a pas porté atteinte à
celle de son semblable.

Il faut que le gouvernement ait des moyens propor-
tionnés avec le but, et non une force supérieure au
but. — On ne saurait attendre raisonnablement de la
modération d'une force immodérée. Il faut à l'idée
moderne de la justice une responsabilité effective qui
atteigne tous les actes coupables. Mais tout cela ne
servirait de rien sans un esprit national élevé et fort.
C'est le devoir de tous d'y concourir par un ardent et
généreux patriotisme.

Car rien n'est plus vrai que ces paroles de l'illustre
historien lord Macaulay :

« Les lois existent en vain pour ceux qui n'ont pas
le courage et les moyens de les défendre. C'est en vain

que les électeurs se rassembleront où le besoin les
rend esclaves du seigneur, où la superstition les rend
esclaves du prêtre. — Les assemblées représentatives
siégent en vain, si elles n'ont à leur ordre, en dernier
ressort, la force physique pour assurer la liberté de
'eurs délibérations, et pour donner une puissance effective à leurs votes. »

Examinant le caractère de la nation écossaise, il
ajoute avec sa haute raison : « Tout gouvernement,
quelle que soit sa constitution, respectera ses volontés, et devra trembler à son mécontentement.

« Cette nation sera mieux gouvernée sous une
bonne constitution que sous une mauvaise constitution, mais elle sera mieux gouvernée sous la plus dé-
testable des constitutions que d'autres nations sous la
meilleure... Et la raison est simplement parce qu'elle
ne souffrirait pas d'être mal gouvernée[1]. »

A quoi serviraient en effet de bonnes lois entre les
mains d'hommes qui n'en saisiraient pas l'esprit et
n'en comprendraient pas l'application ?

Et, au contraire, que pourront de mauvaises lois
avec des hommes qui sont décidés à ne pas les subir ?

Ce sont des hommes qu'il faut d'abord, c'est là le
monument national que des cœurs patriotiques doivent s'efforcer d'élever. Nous concevons l'orgueil qui
s'empare de l'éminent historien en parlant de sa race.
Qui ne serait fier comme lui, devant le prodige de

---

[1] Burleigh and his Time, p. 97, 98. (*Critical and historical
essays.*)

cette nation libre au milieu du libre Océan, se gouvernant avec sagesse, habileté, surmontant tous les obstacles qui s'opposent à sa grandeur ; de cette nation dont l'audace n'a jamais mesuré un péril, toujours prête à la lutte, dont elle est toujours sortie plus forte, grâce à un patriotisme incomparable, à l'union indestructible qui la distingue éminemment ? Qui ne serait fier de la forte politique qui lui a donné la domination des mers, qui lui a permis d'être la maîtresse du plus grand commerce du monde, de la plus active industrie, et qui a étendu si loin sa réputation et rendu son nom si redoutable ?

Qui ne serait fier de ces institutions si solides, et en même temps si flexibles à tous les progrès, si nationales, si vénérées, enfin de cette liberté réfléchie de tout un peuple qui a porté si haut sa puissance ?

Évidemment ce caractère à la fois si religieux, si fier et si libre, appartient à la plus grande nature morale, comme sa persévérance indomptable ne peut appartenir qu'à la plus forte nature physique.

Cette race possède les plus puissants mobiles des grandes actions : la foi et l'orgueil. Et son courage n'est jamais en repos, mais toujours en action, trempé dans l'élément orageux qu'elle affronte journellement et qu'elle chérit. Ce peuple sait d'instinct que c'est à ces routes que la mer lui ouvre avec tout l'univers qu'il doit sa merveilleuse fortune.

Les institutions ne sont, en effet, que l'expression écrite de la nature d'un peuple. On aura beau donner à une nation les institutions les plus parfaites; si elles ne sont pas l'expression de sa constitution naturelle, elles ne vaudront rien pour elle. Une constitution ne doit être, pour une nation, que l'ensemble des lois que révèle sa nature physique et morale. Elle devra donc représenter cette nation, non-seulement à un moment donné, mais la suivre dans toutes les phases de son existence, se prêter à toutes ses modifications, se transformer exactement avec elle. Elle sera plus ou moins bonne selon qu'elle la suivra dans ses changements avec plus ou moins de fidélité. Il faut qu'elle soit comme un vêtement qui s'adapte à sa taille, et soit à son goût. Elle doit se prêter à tous ses mouvements. A mesure qu'elle les gêne, il faut l'élargir, comme il faut mettre de côté les parties usées et les remplacer par de neuves. Il est incontestable que si elle est mauvaise, elle pourra nuire aux développements de la nation. La constitution anglaise ne vaudrait rien pour les Hindous ; elle serait opposée à leur génie. Les institutions ne font pas les peuples : ce serait prendre l'effet pour la cause. Mais une nation est rarement un corps parfaitement homogène, formé d'une seule race ; les nations insulaires, seules peut-être, ont cet heureux privilége. — Une nation est ordinairement le résultat d'accroissements successifs. — Quand elle est un peu considérable, elle sera, par conséquent, composée de races diverses qui ont chacune sa nature.

Elles pourront avoir entre elles des rapports très-voisins, des rapports en quelque sorte de parenté, ou bien des rapports, au contraire, éloignés. Il peut se faire encore qu'il n'y ait aucun rapport entre ces

races ; non-seulement elles pourront être étrangères
les unes aux autres, il pourra même y avoir des an-
tipathies de nature. La fusion, possible dans le premier cas, ne le sera que jusqu'à un certain point dans
les autres ; dans le dernier cas, il n'y aura pas de fusion à espérer, leur nature y sera rebelle. Elle résis-
tera à tous les efforts que l'on pourra tenter dans ce
sens. Leur génie les poussera dans une direction
opposée les unes relativement aux autres.

On pourra, sans doute, compter que le temps, dont
l'action est si puissante, fera disparaître certaines di-
versités, qu'il effacera peut-être même un jour ces
causes de dissidences ; mais, en attendant que ce jour
arrive, s'il doit arriver, ces causes agiront et produi-
ront leurs effets. L'unité sera, comme l'ordre, plus
souvent apparente que réelle dans la nation.

Il pourra ainsi arriver qu'une nation, devenue supérieure au point de vue du nombre à ce qu'elle était
et plus puissante en apparence, soit, en réalité, devenue beaucoup plus faible, qu'elle ait perdu au lieu
de gagner à son accroissement, que son esprit se soit
affaibli et se trouve comme noyé, ou qu'il soit balancé
par un autre élément.

C'est dans la proportion de l'élément national avec
les autres qu'est sa force. Rien n'est plus faible,
au fond, qu'une nation disparate. Elle manquera
de cette unité de race qui donne l'unité d'esprit,
l'unité d'action, l'unité de volonté, qui fait l'union de
la nation. Sans doute, si la nature de ces races a des
rapports, il pourra résulter un heureux mélange, une

diversité brillante, un génie général plus étendu qui donnera à cette nation un éclat qu'aucune de ces races n'aurait eu seule. Mais, outre que ce sera fort rare, il est difficile que cet éclat ne soit pas aux dépens de la solidité de la nation.

La race normande, qui était très-proche parente sinon sœur de la race saxonne, a pu se fondre avec elle au point de ne plus former qu'une seule et même race.

On distingue facilement à leurs traits, sur toute la surface du globe, les enfants de la blonde Angleterre, qui semblent tous les enfants de la même famille. Nul ne pourra s'y tromper. La confusion est impossible à son égard. Elle a un caractère unique. Mais il s'en faut bien que toutes les nations aient été aussi bien partagées.

De là probablement dans leur sein ces mouvements inexplicables, ces ondulations dont les causes sont si difficiles à saisir, problèmes profonds, obscurs, où le politique n'a encore pour guide que l'instinct.

Cependant, pour gouverner une nation, il faut tenir compte soigneusement de tous ces faits, examiner les éléments dont se compose la nation, étudier les faits si compliqués qui révèlent leur nature, peser leur valeur intrinsèque et relative, pour donner satisfaction à chacun, tout en développant de préférence l'élément qui renferme le plus de séve et de vitalité au milieu des autres.

Mais comment parvenir à connaître l'état de la société? C'est évidemment en recueillant le témoi-

9

gnage des hommes éclairés que leur état ou leur position met en contact avec les divers éléments qui la
composent, et qui peuvent ainsi l'observer.

Il n'est pas nécessaire d'ajouter qu'il est indispensable que ces observateurs soient désintéressés, pour
que le témoignage qu'ils donnent ne soit pas suspect;
qu'il est nécessaire que la publicité permette de le
redresser s'il est faux ou erroné ; que la contradiction publique doit l'éprouver. Ce n'est qu'après ces
épreuves que sa valeur pourra être reconnue, et qu'il
pourra être accepté comme une vérité.

Les institutions doivent être nationales, l'expression de l'esprit, des besoins actuels de la nation. Les
institutions importées ont le tort grave de n'avoir pas
le cachet national; en outre, elles n'auront pas l'affec-
tion qu'inspirent les institutions qui ont une longue
existence dans la nation, dont on peut suivre la filia-
tion au sein des âges, qui sont le produit du développement successif de la nation elle-même. Rien donc
de si fâcheux que ces importations de lois étrangères
auxquelles des hommes érudits voudraient tout plier,
lois qui, malgré leur perfection théorique, s'adaptent
mal à la nation, qui sont étrangères à son esprit, quand
elles ne blessent pas encore ses susceptibilités.

Pour que les institutions soient nationales, il faut
qu'elles aient germé dans le sol de la patrie, qu'elles
y aient toutes leurs racines.

Mais, s'il est mauvais pour une nation d'être régie
par des lois qui lui sont étrangères, il sera peut-être
plus fâcheux encore que le pouvoir préposé au main-

tien des institutions et à leur application soit entre les mains d'hommes d'une race étrangère.

De deux choses l'une : ou le prince sera d'une race supérieure à cette nation, et, si son esprit est assez élevé pour ne pas la mépriser, il ne pourra s'empêcher du moins de lui préférer la sienne. Son gouvernement ne pourra s'exercer qu'avec des hommes qui ont son esprit, qui comprennent et partagent ses idées. Son sentiment et la nécessité lui imposent donc l'entourage d'hommes de sa race. Il leur accordera sa confiance et la préférence sur les hommes de la nation, avec lesquels il ne gouvernera qu'à regret, forcément ; ou le prince sera d'une race inférieure à celle de la nation, et le mal sera encore plus grand, le résultat plus déplorable.

Dans l'un comme dans l'autre cas, il y aura dans la nation un esprit, et au pouvoir un autre esprit ; une immixtion étrangère dominante et une altération des institutions nationales, causes profondes de troubles.

Ces étrangers regarderont la nation comme une conquête et ne la ménageront pas autrement.

Pour conserver les institutions nationales, il faut que le pouvoir soit dans des mains nationales. La loi salique des Francs avait pour but de préserver la nation du malheur d'un prince étranger, de conserver les institutions et le gouvernement national.

L'histoire n'offre que trop de preuves qui confirment cette observation.

Qui ne sait combien a été fatale pour la France, par exemple, cette influence étrangère, au pouvoir? Elle a laissé une tache de sang aux pages de son histoire. Faut-il rappeler l'épouvantable tragédie qu'a jouée en France une reine étrangère, l'Italienne Catherine de Médicis ?

Qui étaient les hommes qui ont péri dans cette nuit de sang, à quelle classe appartenaient-ils, quel était leur esprit ?

C'étaient des hommes religieux, austères, qui avaient cru obéir à leur conscience en se séparant de Rome, et qui osaient regarder en face, quoique respectueusement, le pouvoir politique, comme ils avaient osé regarder en face l'autorité religieuse ; des hommes appartenant aux classes les plus éclairées de la nation, à la noblesse, à la magistrature, au commerce, à l'industrie.

Sans doute ils ne furent pas sans reproches, ils eurent les passions de leur temps : la tolérance n'appartient à aucune Église exclusivement, elle appartient à une haute raison.

Mais l'esprit qui les animait, c'était l'esprit de liberté de notre race, son esprit politique. C'est lui qu'un esprit étranger a voulu frapper dans sa patrie même. Il a pris le masque de la religion pour poursuivre plus sûrement ses intérêts politiques. C'est un esprit étranger qui a triomphé sur l'esprit national.

Qui peut calculer l'influence qu'a eue pour la France cette catastrophe ?

Évidemment elle a été immense. On ne saurait affaiblir dans un pays quelconque une classe religieuse, éclairée, industrieuse, active, sans toucher profondément à l'organisation et à la puissance de ce pays, sans produire un changement d'une grande importance pour cette nation.

Mais qu'en sera-t-il si on vient à supprimer complétement au sein d'une nation un élément de cette valeur? Qui peut le dire?

Le crime de la Saint-Barthélemy a rendu possible la révocation de l'édit de Nantes, la proscription de leur patrie d'une grande fraction de l'élite de ses citoyens. Qu'est-il arrivé? Qu'ils sont allés porter chez des nations rivales leur fortune, leur activité, leur commerce, leur industrie, leur génie. Ils ont contribué puissamment à élever la prospérité de ces nations en même temps qu'à abaisser la nôtre et à l'appauvrir.

La France a ainsi perdu sa supériorité industrielle et commerciale.

Il est impossible de mesurer la portée de semblables événements sur les destinées d'une nation; impossible de mesurer le trouble profond qu'a jeté dans les esprits cette violation de la justice et du droit par le pouvoir à l'égard d'une fraction notable de la société.

Il est incontestable que cela n'a pu s'accomplir sans porter une perturbation profonde dans toute son économie politique et sociale.

Qui sait quelle influence l'élément proscrit aurait eue sur ses destinées? Toujours est-il que la France reçut un premier coup fatal à son commerce, à son industrie, à sa liberté.

Un élément si important par ses lumières, par ses richesses, par son activité, n'eût pas souffert les guerres ruineuses et le désordre des finances du royaume ; profondément national, il n'eût pas supporté surtout qu'un Italien gouvernât la France, énervât l'esprit national, livrât les affaires à ses compatriotes, dilapidât la fortune publique, et, venu sans rien, laissât plus de deux cents millions à sa famille, au milieu des misères de la France. Leur austérité, leur courage, leur esprit d'ordre et d'économie, ne se fût pas accommodé avec l'application du régime auquel on a pu soumettre la nation au moyen de leur retranchement.

Incontestablement, la révolution française ne se fût pas fait si longtemps attendre ; elle se fût produite plus tôt, elle aurait eu lieu dans d'autres circonstances bien différentes. D'abord, elle aurait eu une autre forme : l'esprit sage, positif, modéré, l'esprit républicain de la Hollande, au lieu de l'esprit de l'ancienne Rome, la forme originale au lieu d'une vieille forme.

La France riche, prospère, la Révolution s'accomplissait différemment, elle avait d'autres caractères. La sagesse pratique de cette classe éclairée, religieuse, aurait eu incontestablement un grand poids dans les délibérations du pays ; elle eût joué le rôle qui appartient dans tous les pays aux hommes qui possèdent les lumières, la richesse, l'activité, le courage. Elle en eût écarté la violence.

Il est probable que la Révolution française se fût accomplie naturellement, sans secousse ; que la nation se serait emparée du pouvoir politique peu à peu, à mesure que la raison s'emparait des esprits, que la monarchie eût été limitée, non renversée. La France n'aurait pas connu la douleur des proscriptions. Sa forte unité eût défié le monde, en même temps que la sagesse de son esprit paisible l'eût rassuré.

Si la guerre eût éclaté à cette occasion, ses intérêts et son esprit lui eussent conseillé de s'arrêter à une paix glorieuse plutôt que de poursuivre des conquêtes.

La proscription qu'a provoquée au sein de la nation l'esprit latin, auquel la terrible nuit de la Saint-Barthélemy ouvrit la route, a rendu possible, bien plus, inévitable, la Révolution française avec ses violences.

Celle-ci a privé la nation d'une autre fraction de l'élite de ses citoyens, en expulsant un élément considérable qui l'a encore affaiblie.

Plus tard, un autre élément fort, énergique, l'élément populaire, a pu être proscrit à son tour. Toutes ces mutilations ont diminué incontestablement la puissance nationale.

La nation a été successivement affaiblie parce que le pouvoir n'a pas voulu ou n'a pas été capable de tirer parti des divers éléments, en guerre les uns contre les autres, parce qu'au lieu de les faire concourir au bien commun, à la grandeur de la patrie, il a jugé leur division utile à ses intérêts.

En portant atteinte à la liberté des citoyens, on a porté atteinte à la richesse, à la prospérité de la France; on a été la cause de ses longs malheurs; on lui a fait perdre le rang qu'elle eût occupé dans le monde; on a compromis ses destinées ; on a finalement porté atteinte à l'indépendance nationale.

Voilà où un pouvoir arbitraire peut conduire une nation.

C'est que, quand l'arbitraire règne, on le rencontre partout. Il descend de la vie politique dans la vie civile, dans la vie privée, dans les intérêts matériels ; il trouble tout, rien n'échappe à l'arbitraire. Quand un pouvoir n'a pas une borne infranchissable, le droit, où s'arrêtera-t-il ?

Nulle part. Pourquoi ici plutôt que là ? Il n'existe pas de point d'arrêt théoriquement. Pratiquement, ce point d'arrêt se trouve dans les résistances qu'il rencontrera. Un principe égoïste gouvernera dans un esprit exclusif, ou plutôt il exploitera, pour employer une expression plus juste. Mais il travaille lui-même à sa ruine.

La France aurait, peut-être plus qu'aucune autre nation, le droit de s'enorgueillir de sa race, si on considère les obstacles de toute nature qu'elle a rencontrés sur sa route, les résistances internes qu'il lui a fallu combattre, et qu'elle a réussi à soumettre.

Elle n'a pas eu l'avantage d'être formée d'une seule race et de n'avoir ainsi affaire qu'à des ennemis extérieurs de sa puissance. Telle n'a pas été la condition de notre patrie. Sa constitution est loin de présenter la puissante homogénéité de l'Angleterre. Assemblage successif de nations diverses de nature et d'âge, de sol et de climat, dont plusieurs ont conservé longtemps au milieu d'elle leur indépendance reconnue et garan-

tie par des traités, des chartes, des stipulations, et
d'autres, une autonomie plus ou moins complète, selon la cause qui avait présidé à leur accession au
royaume, faisceau de races unies par un lien fédératif
plus ou moins fort, sa formation a été la solution d'un
long et difficile problème. Aujourd'hui ces existences
distinctes, leurs lois, leurs coutumes locales, ont disparu. La puissance politique a pu venir à bout d'établir
sur toute la surface de la France l'uniformité des lois
qu'elle a jugée nécessaire pour fonder l'unité nationale.
Mais elle a été impuissante à faire disparaître la diversité des races. La nature ne se plie pas aussi complai-
samment que les hommes aux volontés des législateurs :
elles ont conservé les types particuliers qui accusent
leur origine, et qui racontent l'histoire de ces nations.
L'élaboration qui doit ramener à un type unique ces
races est encore loin d'être achevée, si elle doit jamais l'être.

Parmi elles domine un vieil élément qui a fini ses
destinées, l'élément latin, et un jeune élément,
l'élément germanique, qui accomplit les siennes : l'é-
lément germanique, la race supérieure, puisqu'elle a
soumis les autres races à sa loi, et qu'elle a été assez
forte pour former une nation, et l'élément latin, son
adversaire, celui qui a le plus contrarié sa formation,
qui lui a fait le plus de mal, qui l'a menacée plusieurs
fois d'une dissolution, qui lui a maintes fois disputé
le pouvoir. Il a fallu la réunion des plus grandes
qualités : la plus noble race pouvait seule surmonter
tant de causes réunies de destruction, pouvait seule

parvenir, dans des circonstances si défavorables, au milieu d'ennemis intérieurs et extérieurs, à développer sa puissante individualité.

Non-seulement la France a eu ce danger intime, elle a eu un autre danger peut-être encore plus considérable : elle confine encore, en grande partie, à des nations de race latine. Ce contact la soumet aux dangereuses influences d'un esprit ennemi du sien, en même temps que cette proximité donne des forces au vieil élément qui est dans son sein, et rend sa fusion avec elle plus difficile et plus lente.

Mais, s'il y a dans ce voisinage une cause de faiblesse incontestable, par une heureuse compensation, d'un autre côté, la France avoisine le berceau de sa race, elle touche au Nord. Là elle rajeunit son sang à sa source, elle trouve une force inépuisable pour combattre ses ennemis, des populations animées de son esprit, toujours prêtes à se lever quand son indépendance ou sa liberté sont menacées, et qui lui ont permis de triompher de l'habileté latine.

Au quinzième siècle, la raison humaine, grâce à une grande découverte, l'imprimerie, était formée, mais formée seulement pour les hautes classes. Le peuple ne savait pas encore lire. La première preuve qu'elle devait donner de sa puissance, c'était la manifestation de son indépendance, et le premier acte d'émancipation de la pensée fut la liberté de conscience.

Alors surgit une horrible institution. D'où vient-elle ?

De Rome.

Quel but poursuit-elle?

Le destruction de la liberté de penser.

Par quels moyens?

Par la délation et les supplices.

D'où part la résistance?

Du Nord. C'est l'Allemagne, ce sont les Pays-Bas, c'est l'Angleterre, la Suisse, qui résistent.

L'Inquisition, ainsi se nomme cette abominable institution qui a couvert l'Europe de sang et de ruines, qui a démoralisé profondément les peuples, en introduisant parmi eux la délation, en dénaturant la religion, en donnant le spectacle des supplices et du sang, qui rend les âmes cruelles, dispose les choses, forme les acteurs pour le drame de la Saint-Barthélemy, sorti des méditations d'une reine de race italienne, et des conseillers de cette nation qui l'entouraient, et qui ont porté ainsi à la France le coup le plus terrible peut-être qu'elle ait reçu.

Catherine de Médicis était trop clairvoyante pour ne pas comprendre que la liberté religieuse appelait forcément la liberté politique; que, l'autorité religieuse discutée, l'autorité politique ne pouvait tarder de l'être, à son tour. Si les conséquences de cette révolution avaient pu échapper à son esprit, les Italiens qui formaient son conseil étaient de trop habiles politiques pour l'ignorer.

Le but a été atteint pour eux. Les progrès de la liberté religieuse ont été arrêtés, les progrès de la liberté politique ont été suspendus. La royauté a pu, de cette manière, rester maîtresse et porter, le moment venu, les derniers coups à la vieille aristocratie du royaume, réaliser le plan de son asservissement, idée fixe de la royauté. Mais à quel prix ce résultat a-t-il été obtenu! Les événements de cette nature ne sont pas finis le jour où ils s'accomplissent.

S'il était permis de suivre les faits de conséquences en conséquences, on verrait que ce grand crime politique, qui a commencé la destruction d'un grand élément national, a amené le démembrement successif de la famille française, qu'il a ébranlé profondément la constitution naturelle de la France, produit une immense perturbation économique, qu'il a creusé l'abîme où s'est engloutie la royauté.

Quand le pouvoir n'a plus eu de résistance nulle part, quand la nation n'a plus été entre ses mains que l'instrument du bon plaisir, le maître a cherché la gloire au dehors. La guerre, brillante et heureuse au début, a introduit chez le maître le goût des fêtes ruineuses, des monuments qui éternisent les actions, des plaisirs et du luxe, des dépenses improductives, elle a rendu indispensables les grandes armées.

Pour la nation, l'augmentation des impôts, l'accroissement de la dette publique, les vexations et la misère, ont été les conséquences nécessaires de l'état des choses. Les causes morales jouent le premier rôle dans les grands événements de ce monde, mais, pour que ceux-ci s'accomplissent, il faut que les causes physiques leur viennent en aide.

Les causes morales ont joué dans la révolution de 89 le rôle qui leur appartient : mais les causes physiques ont agi avec une intensité qu'il est plus facile de mesurer, d'apprécier exactement ; elles ont agi avec une puissance irrésistible.

Il faut voir à quel état de misère la France était arrivée à cette époque, grâce au pouvoir absolu, pour comprendre que toutes les circonstances étaient prêtes pour une révolution violente, que l'élément populaire serait disposé à tout ; que rien ne pouvait plus empêcher les effets que produisent toujours et partout l'injustice, une misère prolongée et les vexations du pouvoir, avec une nation éclairée et courageuse.

On ignorait, à l'époque de Catherine, que tous les droits se tiennent comme toutes les libertés, que toutes les classes sont solidaires dans un État, que la stabilité repose sur le droit.

Il n'est pas étonnant qu'une reine étrangère n'ait pas connu le génie de la nation, qu'elle se soit flattée de l'enchaîner.

La Réforme, le Jansénisme, le Gallicanisme, procèdent du même esprit, l'esprit de liberté nationale. Ce sont des formes différentes de cette manifestation, une protestation contre la domination de Rome.

L'esprit qui a fait tant de mal, le sinistre génie de Rome païenne, se réveille de temps à autre encore. Ce réveil est de toute part le signe des luttes. Heureusement il est dans ses destinées d'être vaincu à l'extérieur comme à l'intérieur des nations, qu'il trouble, quand il ne les déchire pas ! et de marquer chaque apparition sur la scène du monde par une défaite qui épuise insensiblement ses forces physiques, tandis

que, d'un autre côté, les progrès de la raison minent
son esprit. Il ne peut faire un pas sans rencontrer l'esprit du Nord pour arrêter ses entreprises.

Dans ces chocs, nous voyons toujours se reproduire
finalement et fatalement le même fait : la défaite des
races du Midi. La victoire du Nord est une loi constante comme celle des saisons, régulière comme le
cours des astres. Les populations du Nord, poussées
périodiquement on ne sait toujours au juste par quelle
cause, quelquefois sans cause appréciable, se précipi-
tent au Midi, obéissant, pour ainsi dire, à un entraî-
nement irrésistible. Comme ces neiges accumulées
par les hivers sur des hauteurs menaçantes se déta-
chent en avalanches au plus léger bruit qui vient à
troubler le silence qui les environne, la moindre pro-
vocation suffit pour déterminer le mouvement qui
porte les peuples du Nord en avant, quand le moment est venu.

Mais il faudra du temps encore avant que cet esprit
du passé puisse se résigner à oublier qu'il fut le maître. Il s'est cru assez fort pour livrer naguère une
grande bataille à la liberté. Et quel théâtre a-t-il
choisi ? La patrie de Washington elle-même. S'il eût
réussi, il frappait un grand coup. Le retentissement
de sa victoire eût été sans bornes, ses effets immenses ;
il le croyait du moins. Il se voyait encore le maître
du monde.

Pendant quatre ans, il a couvert de sang et de
deuil le sol américain. Mais ses hautes visées ont été
déçues, son orgueil humilié. Il n'a pas été plus heu-

reux dans le nouveau monde que dans celui qui lui a jadis appartenu.

Sur le nouveau champ de bataille qu'il avait choisi, et où il avait rassemblé ses forces, il a essuyé une mémorable défaite.

Comprendra-t-il que les nations ont, comme les individus, leur existence ; qu'elles ne revivent pas ; qu'elles font place à d'autres existences ; que les principes s'épuisent de même pour faire place à d'autres principes ? Comprendra-t-il enfin qu'il a fait son temps ; qu'à un autre esprit, différent du sien, et plus conforme à la justice et à la vérité, appartient le gouvernement du monde ?

S'il a pu être dans l'ordre des choses qu'il s'imposât, pour un temps, aux jeunes nations du Nord, en incorporant habilement la religion dans l'État, et par ce moyen, qu'il réussît à tout pénétrer, et peu à peu à tout dominer, jusqu'à la religion elle-même, d'un autre côté, il devait arriver un jour que la civilisation aurait trop grandi pour supporter une alliance contraire à ses intérêts , contraire aux intérêts de la religion qu'elle défigure, contraire à son principe, à son indépendance, contraire au détachement évangélique qui fait sa force.

Cette association de la politique et du dogme, des destinées immortelles de l'homme avec ses besoins matériels, des biens terrestres avec les biens impérissables, est condamnée par l'expérience et par la raison, qui repousse les contradictions.

Elle regarde comme deux choses distinctes l'attachement et le détachement. Elle trouve inconciliable, elle regarde comme un paralogisme, qu'on soit à la fois riche et pauvre, attaché et détaché. Pour la raison, la richesse est une chose; la pauvreté en est une autre, son contraire. Elle ne comprend pas le renoncement à une chose, et en même temps la possession de cette chose. Elle est logique, et veut, autant que possible, l'accord des principes avec les actes, l'harmonie de la prédication et de l'exemple.

Dans cette association de principes opposés, la politique sera dépendante de la religion, ou la religion sera la servante de la politique; elles seront tour à tour subordonnées l'une à l'autre, selon les temps et les lieux. La politique sera nécessairement un instrument aux mains de la religion, ou la religion un instrument aux mains de la politique. Or les saints sont rares; ce n'est pas pour eux que sont faites les lois de ce monde : c'est pour le commun des hommes; l'homme, celui que nous connaissons jusqu'à présent, sollicité entre ces deux forces, écoutera, dans la pratique, plus souvent la voix de la terre que celle du ciel, en dépit de tous les principes.

Si on soutient qu'il est possible qu'elles restent indépendantes l'une de l'autre, alors à quoi bon les réunir? Si elles ne tirent aucun service l'une de l'autre, pourquoi donc ne pas les séparer complétement? Pourquoi vous obstiner à garder dans les mains une arme dangereuse, si vous ne voulez pas en faire usage?

Les subtilités de langage à l'aide desquelles on essaye de soutenir cette cause sont peu dignes de la religion. L'Évangile dit : « Mon royaume n'est pas de ce monde, » cette parole n'est pas obscure. Toutes les intelligences l'entendent. L'exemple divin a suivi le précepte pour le vivifier et comme pour répondre d'avance aux doctrines des temps à venir. Notre foi doit s'en tenir à la parole vivante et y demeurer inébranlable.

On conçoit que la séparation ne puisse s'opérer sans déchirements cruels pour la faiblesse humaine, qu'il doit en coûter même à la vertu la plus pure pour renoncer aux choses de ce monde ; mais, puisque cette séparation est inévitable, — et en douter serait douter de la raison elle-même, — au lieu de s'obstiner à défendre ce que le temps ne permet plus de défendre, ne serait-il pas plus sage de chercher à adoucir autant que possible la transition, à l'opérer avec tous les égards que doit y apporter une généreuse tolérance d'une part, et la charité chrétienne de l'autre, d'une manière digne d'un siècle ayant un esprit éclairé de liberté ?

La séparation de l'Église et de l'État, en rendant à l'Église sa liberté, lui rendra sa force. Dégagée de la terre par ce sacrifice, elle prendra son vol sublime, elle regagnera sur les âmes l'ascendant qui appartient légitimement à sa nature, l'ascendant qu'elle a perdu en s'écartant de ses principes ; rien n'altérera la lumière qui doit dissiper les ténèbres de la terre. Et l'élément latin, abandonné à lui-même, privé de ce puissant secours, perdant la force empruntée à l'élément divin, cessera de troubler les peuples et de menacer la civilisation. Mais le nœud de ce problème est à Rome. La raison alléguée par le vénérable chef de la chrétienté pour repousser la séparation du temporel et du spirituel, la nécessité de son indépendance, qu'il déclare impossible sans la couronne de souverain, sa résistance à toutes les assurances qui lui sont prodiguées, sans qu'elles puissent ébranler sa conviction, cet aveu échappé de cette bouche est, ce semble, le plus grand reproche qu'on ait jamais porté contre les gouvernements de l'Europe. L'argument mis en avant est-il sans valeur? Ce refus du Saint-Père est-il sans fondement? — Le verrait-on opposer ce refus aux États-Unis? Il serait injuste de méconnaître la force de cette raison.

Que la liberté des peuples soit sérieuse, complète, et l'argument du Saint-Père tombe, et le langage qu'il peut tenir devient sans force.

La liberté seule a donc la propriété de résoudre doucement, sans secousse, sans violence, comme il convient à notre époque, le problème qui préoccupe depuis longtemps les esprits, qui trouble les âmes, et pourrait bien avoir assez de puissance pour apporter dans la nation de fâcheuses divisions.

Mais, puisque le Saint-Père croit qu'il manquerait de cette liberté qu'on s'accorde à lui reconnaître nécessaire, pourquoi ne demande-t-il pas cette liberté?

Pourquoi ne se joint-il pas à ceux qui la veulent et la demandent pour tous? — A quoi sert-il que Sa Sainteté soit libre, si les peuples auxquels sa voix s'adresse ne le sont pas, s'ils ne sont libres d'entendre sa parole et de la suivre que sous le bon plaisir de ceux qui les gouvernent?

La papauté est une force qui s'ignore. Le jour où elle en aura conscience, où elle sera amenée, nous ne savons par quelles voies, à un accord avec le siècle, elle retrouvera le secret de sa force ; ce sera un jour grand pour l'humanité que la réconciliation de la religion et de la philosophie.

Mais ce n'est pas à la rhétorique enflammée par la passion qu'il est donné de résoudre les problèmes : c'est à la science, qui n'est que le produit de l'observation d'une raison hautement impartiale. C'est au siècle qu'on a justement appelé le siècle de la science que nous semble réservée la solution difficile des grands problèmes du monde moral.

Les nations ne changent pas plus que les individus, elles ne font que se développer dans l'espace et le temps, en suivant certaines lois, et leur développement n'est pas autre que celui de leur nature. On ne verra pas Brutus mourir lâchement, Cicéron ne mourra pas comme Caton. Un gland devient peu à peu un chêne majestueux ; mais en grandissant il ne devient pas un autre arbre. Rien n'est abandonné au hasard, le grain de sable a sa loi comme l'astre qui décrit fixement sa route dans l'espace infini.

Deux brigands, qui étaient frères, fondent une ville. Puis l'un, Romulus, tue l'autre, Rémus, pour être le maître.

L'esprit de Romulus a franchi ensuite ses murailles ; mais n'a-t-il pas été en grand ce qu'il avait commencé par être ? N'est-ce pas le gland devenu un chêne ? A-t-il changé de nature ?

C'est pourquoi il n'existe pas de forme absolue de gouvernement, pas plus qu'il n'y a sur la terre un peuple unique, un seul sol, un seul climat. On ne trouve pas même la constance de la forme, parce qu'il n'y a pas un peuple immobile, constant, mais toujours un peuple qui accomplit une évolution. Seulement, sous toutes les formes, quelles qu'elles soient, président des lois générales, nécessaires, savoir, la justice et la liberté humaines. La bonté des gouvernements dépend essentiellement de leurs rapports plus ou moins vrais avec ces lois supérieures. Aussi la seule conclusion légitime qu'il soit permis de tirer quand on compare une forme à une autre, c'est que l'une est plus parfaite que l'autre, théoriquement, mais non qu'elle convienne par là mieux à tel peuple, ou bien que la civilisation de tel peuple est plus avancée, ou qu'il est d'une race supérieure, puisqu'il a des institutions plus parfaites.

La France est au fond toujours ce peuple qu'on voit apparaître avec une passion particulière pour la liberté, qu'on voit poursuivre cette liberté pendant plusieurs siècles, ce peuple qu'on a vu la proclamer en 89 ; ce peuple qu'on a vu soutenir une lutte terrible contre l'Europe pour la défendre, qui a fait pour elle encore deux révolutions. La nature de ce peuple semble clairement révélée. Il nous paraît infiniment dangereux de perdre de vue cette vérité. Le monde marche par un double mouvement moral et matériel, quoique le progrès moral et le progrès matériel ne soient pas toujours parallèles. Mais si ces deux actions ne sont pas toujours simultanées, elles n'agissent pas à une longue distance l'une de l'autre. Il y a constamment action et réaction de l'une sur l'autre.

Les obstacles qui arrêtent trop fortement ou qui retardent trop longtemps cette réalisation constituent un grave péril pour une nation ; ils causent les malheurs redoutables, les révolutions. On ne fait pas une révolution pour le plaisir de faire une révolution ; personne n'a ce pouvoir. Quand une nation se soulève, on peut être certain que des causes intimes travaillent ses profondeurs.

Pourquoi la grande Assemblée nationale a-t-elle proclamé à la face du monde les droits de l'homme ? Parce qu'on les avait violés, et que la nation avait souffert de cette violation.

Pourquoi a-t-elle proclamé la liberté ? Parce qu'elle avait reconnu que la liberté était indispensable au bien-être de la nation.

Cette magnifique proclamation des principes de liberté, d'égalité, de fraternité, qu'était-ce, sinon la raison s'adressant à la conscience universelle ?

Pourquoi la nation s'est-elle levée pour les défendre, sinon parce qu'elle pensait comme son Assemblée ?

Mais la grande génération qui a été occupée à ce prodigieux travail, et qui a eu à défendre son œuvre, n'a pu réaliser les principes qu'elle avait proclamés. Elle a légué aux générations suivantes le soin de les appliquer et d'en développer les conséquences.

Une activité prodigieuse a signalé le réveil de la liberté. La nation a fait en peu d'années le travail de plusieurs siècles.

Un siècle révolu nous séparera bientôt de la Déclaration des droits.

Qui doute que ce qui suffisait aux besoins de cette époque ne suffise plus à ceux de l'époque actuelle? Cependant nos institutions ont-elles fait un pas en avant correspondant au grand travail qui s'est produit dans les esprits à la suite de ce progrès? Y a-t-il accord entre les principes de notre révolution et les faits existants?

La France nouvelle n'est-elle pas encore enveloppée et embarrassée dans les débris des anciens systèmes?

Tous les vestiges même de l'esprit latin, en ce qu'il a d'hostile à celui de notre race, ont-ils disparu de notre sol?

Peut-on dire sérieusement que toute notre économie politique et sociale soit la conséquence, la déduction juste, logique, de nos grands principes?

Pourrait-on sérieusement affirmer que l'esprit de notre révolution préside tout entier à notre développement social, qu'il inspire tout entier notre politique, qu'il dirige tout entier notre gouvernement?

Nous doutons que notre législation civile soit bien l'expression des idées nouvelles, qu'elle réponde aux faits nouveaux, aux besoins nouveaux.

Nous doutons que notre législation pénale soit en

rapport avec les connaissances de l'époque, avec la douceur de nos mœurs.

Nous doutons que notre administration soit bien d'accord avec les principes de 89, qu'elle ne soit pas plutôt une image trop fidèle de l'administration de la Rome impériale.

Nous doutons que les priviléges, si antipathiques à la nation, aient tous disparu.

Notre politique est-elle entièrement conforme à nos principes?

Qu'a fait la France en proclamant la liberté des peuples? Elle a déclaré solennellement que la guerre n'était plus dans ses principes.

Le principe de liberté est un principe de paix chez soi et de paix chez les autres.

La France ne saurait faire la guerre sans renoncer à ses principes. Elle n'a pas proclamé la fraternité des hommes pour les égorger.

Cette déclaration des droits était l'ouverture d'une ère nouvelle, l'ère de la paix pour le monde civilisé.

Si, à cette époque, la France a fait la guerre, c'était pour défendre son indépendance contre les peuples abusés, et, si elle a ensuite débordé sur le monde, c'est entraînée par des circonstances qu'elle n'a pu dominer. Mais nous, nous avons été libres de faire la paix ou la guerre.

Avons-nous conscience de n'avoir fait que des guerres justes, des guerres inévitables? Quel esprit les a dirigées? Ce n'est pas à coup sûr celui que montre l'Angleterre, qui fait avant tout entrer en compte ce que le résultat pourra apporter de richesse à la nation, qui fait un calcul marchand, qui se dirige selon les principes d'une saine économie politique.

Le capital est la vie matérielle des sociétés. Il est la force des États modernes , une des premières conditions de leur puissance. Mais le capital est de l'intelligence et du travail accumulés et épargnés.

Or on peut douter que la France applique toute son intelligence, tout son travail, pour la production de ce capital, sans lequel la civilisation et le bien-être sont impossibles; on peut douter qu'elle pratique l'épargne, quand on voit l'immense armée qu'elle entretient.

Que faut-il penser de ce capital qui est allé chercher un emploi sur les marchés étrangers, et enrichir ces nations aux dépens de la nôtre, sinon qu'il n'a pas trouvé dans sa patrie un utile emploi, ou qu'il a manqué de sagesse et de patriotisme?

Le sol national, ce solide fondement de notre puissance, quel est son état? Présente-t-il le spectacle d'une population florissante, possédant l'instruction et jouissant du bien-être de son époque, telle qu'on est en droit de la trouver sur un sol privilégié avec un climat admirable? La désertion constatée des campagnes répond tristement à la question.

Pourquoi , sinon parce que les lois qui régissent la propriété rurale, qui font passer presque en entier les héritages dans la main du fisc, les dispositions exorbitantes, une procédure aussi longue que ruineuse, appartiennent à une époque où le temps avait peu de valeur, et où le gouvernement, n'ayant que la terre pour ressource, lui demandait tout|?

L'existence de ces lois est pourtant incompatible avec le principe de l'égale répartition des charges, avec le principe de l'abolition des priviléges, avec le principe fondamental d'égalité, qui ne fait entre les citoyens aucune acception de personnes.

Pourquoi entre la propriété mobilière et la propriété rurale des distinctions que rien ne motive?

Pour l'une, toutes les faveurs : les exemptions de toute espèce, peu de charges, une justice prompte, sommaire, et peu coûteuse, qui épargne le temps et l'argent. Pour l'autre, toutes les rigueurs : des droits de mutation qui l'absorbent, une justice qui dévore le temps et l'argent, absolument comme si le temps et l'argent du propriétaire rural étaient sans valeur ou d'une autre nature que le temps et l'argent de l'industriel et du commerçant ; enfin des charges accablantes sous toutes les formes, qui frappent d'immobilité, en quelque sorte, cette nature de propriété.

Pourquoi, d'un côté, tout ce qui peut favoriser l'essor, aider le développement ; de l'autre, au contraire, tout ce qui peut enchaîner les progrès et ruiner les détenteurs?

En présence de la puissance actuelle du commerce et de l'industrie, il ne saurait plus être question des encouragements qu'ont nécessités leurs premiers pas. Quelles raisons pourrait-on donner de la position exceptionnelle faite à la classe la plus nombreuse, à une classe qui a droit au même intérêt que les autres, par les charges qu'elle supporte et les jouissances dont elle est privée, si ce n'est que cet état de choses est l'œuvre d'une autre époque? Mais devrait-il exister encore, n'y a-t-il pas longtemps qu'il aurait dû disparaître? La négligence qu'il accuse a néanmoins occasionné au pays et à l'État d'immenses pertes. Les plaintes des campagnes n'ont cependant pas manqué.

Si nos capitaux avaient pu apercevoir dans l'agriculture un placement utile, seraient-ils allés se perdre en si grande quantité à l'étranger d'une manière si fatale pour la richesse publique?

L'application moins tardive des principes de liberté et d'égalité à cette partie de notre législation eût donné à nos campagnes, en y appelant le capital, le mouvement et la vie qui s'en retirent.

La nation a encore un immense intérêt à l'instruction la plus élevée donnée à tous, parce que l'instruction, c'est, en définitive, de la moralité, de la richesse, du pouvoir. L'a-t-elle?

Elle a un immense intérêt à une justice prompte, peu coûteuse, accessible à tous. L'a-t-elle?

Elle a un immense intérêt à des lois simples, claires, à la portée de toutes les intelligences. Les possède-t-elle?

L'opinion publique réclame depuis longtemps quelque chose de mieux qu'une responsabilité historique pour le pouvoir; elle demande une responsabilité réelle. La raison lui dit que, pour que la crainte de la postérité pût exercer une influence salutaire, il faudrait d'abord être assuré de cette postérité, et d'en jouir ou d'en souffrir, ce dont personne n'est sûr : qu'il n'en est pas de même d'une peine qu'on sait devoir infailliblement atteindre votre personne, votre fortune ; que celle-là est efficace, tandis que la première est un mot dont se rient les coupables, et dont la nation était bien obligée de se contenter alors qu'elle ne pouvait encore, comme le faible opprimé, qu'en appeler à la justice éternelle.

La nation a un immense intérêt à l'amoindrissement de sa dette publique , un immense intérêt à la diminution de ses charges.

Sa dette publique est-elle réduite ?

Ses charges sont-elles diminuées ?

Peut-on prévoir même cette réduction, cette diminution, objet incessant de ses vœux?

L'ambition de la France est toujours grande. Elle est fière de sa gloire militaire ; mais le temps a marché , et il marche avec une rapidité effrayante ! L'homme le plus simple aujourd'hui se fait cette question : « Quel intérêt ai-je à la destruction de mon semblable? serai-je plus heureux parce que des milliers de cœurs auront cessé de battre ? » Il veut savoir pourquoi il agit, et si le résultat lui est ou non utile. Il commence à croire que le but de la société est ailleurs, qu'il consiste à augmenter dans la plus grande proportion possible le bien-être moral et matériel de tous ses membres. Il ne conçoit pas à quoi servirait la civilisation, si ce n'était à améliorer la position de la race humaine, et à la rendre meilleure et plus heureuse, puisqu'elle est susceptible de l'être.

Lorsqu'on cherche à exciter sa jalousie en lui

montrant une nation qui serait plus puissante que la sienne, il se demande si c'est une raison pour lui de l'attaquer, s'il en a le droit, si ce n'est pas contraire à ses principes, si les craintes qu'on veut lui inspirer suffisent pour justifier une guerre. Il réfléchit encore au résultat : si la guerre est heureuse, il aura affaibli cette nation, il aura incontestablement diminué sa population, sa richesse, son influence. Mais il n'aura résolu qu'une partie du problème : que sera-t-on devenu soi-même? On ne tue pas des hommes sans en perdre, on ne ruine pas une nation sans se ruiner plus ou moins soi-même. Tout pesé, on sera devenu plus faible qu'avant la guerre. Qui donc aura gagné ? Les gations restées spectatrices de la lutte, qui seront devenues relativement plus fortes. On a affaibli une nation, mais on en a rendu plusieurs plus fortes. Est-ce là ce qu'on voulait? Faudra-t-il que, sous ce prétexte, les nations se battent sans fin, se détruisent jusqu'à ce que la dernière ait eu raison de toutes les autres ?

C'est la conséquence du principe.

Les intérêts sont d'accord avec la justice pour lui déconseiller la guerre. Mais il y a un autre moyen que la justice permet d'employer, que lui conseille la raison : c'est de devenir plus fort soi-même. En augmentant son instruction, sa richesse, son bien-être, on devient plus puissant.

Mais, pour développer ainsi toute sa puissance intrinsèque, il faudrait que la France réduisît considérablement son armée : c'est la condition indispensable pour arriver à ce résultat, auquel elle a un immense intérêt; l'obtient-elle?

Une nation énergique brûle de reculer ses frontières. Mais elle sait que ses armes inspirent aux peuples l'effroi, qu'elles les liguent tous contre elle pour défendre, dans un commun concert, leur indépendance.

Elle sait que, par son génie national, par ses écrivains, par ses savants, par ses poëtes, par ses artistes, par sa sociabilité, elle est la nation la plus sympathique aux peuples, qu'elle attire et qu'elle charme; qu'elle possède là une immense puissance, qu'elle est sans rivale. Que fera cette nation? Elle sait que la raison a vaincu la force brutale qui enchaînait le monde : à quelle force donnera-t-elle la préférence? — Elle sait qu'Homère, Euripide, Sophocle, Eschyle, Platon, Aristote, Phidias, Praxitèle, ont plus fait pour la gloire de la Grèce que les batailles d'Alexandre; qu'ils ont seuls, après des siècles, réveillé la pitié de l'Europe pour leur patrie et amené ses armées à sa délivrance; que le seul Cicéron a plus illustré Rome que les victoires des consuls et des légions. Quelle gloire devra la séduire?

La justice et ses intérêts ne lui commandent-elles pas d'agir par la force irrésistible de ses principes, par ses idées, par ses lumières, par son éloquence, par les heureuses qualités dont la nature l'a douée, pour subjuguer les peuples, non en dévastant le monde, mais en l'améliorant, en l'embellissant, en le civilisant; non en éveillant la haine des peuples, mais en l'éteignant, en montrant les intérêts de ce monde d'accord avec la justice, en tirant des passions humaines un résultat utile, ce qui est le propre de la science ?

Mais, pour parler à l'univers, il faut que la pensée soit libre, que la tribune soit libre ; il faut que la presse soit libre, pour porter cette pensée au bout du monde, si on veut le conquérir à ses principes, à ses sentiments, à son humanité, à sa civilisation ; si on veut braver toutes les coalitions, être sûr de les vaincre dans le cas où elles se formeraient. Cette heureuse nation a dans les mains un levier pour soulever le monde ; pourquoi lui est-il interdit de s'en servir ?

La nation a un immense intérêt à toutes ces choses, et cependant elle ne les possède pas.

Si la volonté souveraine n'éprouve aucune gêne dans ses manifestations, rien qui l'arrête ou la fausse, ou si elle ne rencontre dans le cours de son exécution point d'obstacle contre lequel elle se brise, il est absolument impossible d'expliquer que le résultat soit différent de ses intérêts et de sa volonté.

Le désaccord des conséquences avec les principes prouve que la souveraineté de la nation, reconnue en droit, ne s'exerce pas encore pleinement dans la pratique ; que la liberté est encore plus apparente que réelle ; que le problème de notre liberté n'est pas encore complétement résolu comme on aimerait à le croire. Cette situation ne constitue pas moins un danger. Elle appelle les méditations.

Il ne suffit pas de proclamer sans cesse une nation libre. Ces déclarations la laissent froide, parce qu'il en est des nations éclairées comme des hommes qui ont l'expérience de la vie : ils n'attachent d'importance qu'aux actes; quant aux déclarations, ils n'y attachent qu'une légère valeur, si tant est qu'ils y en attachent une.

La nation croit à son droit, parce qu'elle a conscience de ce droit; elle croira à sa liberté quand elle pourra, comme le philosophe, prouver le mouvement en marchant.

La pensée du gouvernement devant être crue droite, une des causes de cet état frappant de choses doit être attribuée, selon nous, aux candidatures officielles.

La volonté de la nation doit être libre. Ces candidatures violent ouvertement ce principe.

Elles n'ont pas seulement le tort, déjà très-grave, de cacher au gouvernement la pensée du pays, de manquer à ce principe de justice : que l'on ne saurait être juge et partie dans sa cause.

Cela va encore plus loin.

Elles ont l'air presque d'une injonction de la part du gouvernement au pays de penser comme lui, au lieu de lui demander comment il pense. Cela ne peut se faire sans qu'il y ait pression, violence morale, à un degré plus ou moins fort. Très-probablement le chiffre si élevé des abstentions n'a pas d'autre cause.

De cette position contraire au principe, il arrive que le résultat est la victoire ou la défaite pour le pays ou pour son gouvernement. Si le gouvernement succombe, il sort humilié, amoindri, ébranlé jusque dans ses fondements ; c'est une lutte entre le gouvernement et la nation, au lieu d'être simplement la manifestation de la volonté de la nation, rien de plus, rien de moins.

Pourquoi le gouvernement descend-il à lui donner l'apparence d'une affaire dans laquelle la partie inté-ressée choisit ses juges, avec les ressources dont il n'est que le dépositaire ?

Qu'on imagine seulement un instant l'effet que cette conduite produirait dans les affaires privées.

Faudra-t-il s'étonner s'il s'égare, s'il lui arrive de prendre sa propre satisfaction pour celle de la nation elle-même, et si, par suite de cette erreur, des con-flits s'élèvent ?

Le gouvernement se place dans les plus mauvaises conditions, il n'a plus l'impartialité.

Dans un pays libre, tout ce qui se fait doit pouvoir supporter les regards de la nation et son jugement.

Si elle est satisfaite, elle doit pouvoir exprimer cette satisfaction ; si elle n'est pas satisfaite, elle a le droit d'exprimer sa désapprobation.

Dans tous les cas, elle doit pouvoir faire cette dé-claration, c'est son droit. On ne saurait y porter at-teinte au nom du bien public, de l'utilité publique. L'utilité ne donne aucun droit. Elle est chose de fait, variable à l'infini selon les circonstances, les temps et les lieux. Elle ne légitime rien, parce qu'elle pourrait tout légitimer, le bien comme le mal.

Le droit dérive d'une source immuable, de la jus-tice. Il ne faut pas se lasser de répéter les principes, puisqu'on ne se lasse pas de les obscurcir.

Les utopies sont dangereuses sans doute, mais il y

a des choses plus dangereuses encore qu'une utopie : c'est de ne pas comprendre qu'il est difficile de dire positivement qu'une chose est une utopie, et de venir prendre pour telles les nécessités de l'époque; c'est d'oublier, dans un siècle qui a réalisé les rêves les plus audacieux, la modestie que donne la science; d'oublier que, si l'homme est exposé à prendre trop souvent l'erreur pour la vérité, il est également exposé à prendre la vérité pour l'erreur.

Les institutions de l'Angleterre, que l'on se plaît à admirer, et qui méritent avec raison les respects du monde, n'ont pas été conquises du premier coup : ce champ de liberté où il se meut à l'aise, le peuple anglais l'a mérité par de longs efforts ; il a été disputé pied à pied au pouvoir, et souvent au prix de leur sang, par les hommes généreux de ce pays. Tout le monde sait ce qu'elle a coûté aux Américains, cette liberté qui est pour eux la source intarissable d'une prospérité qui confond l'imagination.

La conquête de la liberté, sa défense contre l'Europe, forment la gloire impérissable de nos pères; notre honneur est attaché à l'application de son principe, au développement de ses conséquences. C'est la tâche dévolue à notre génération. Notre race est-elle moins forte, moins brave, moins hautaine que la race anglaise, qui n'a pas reculé devant ce devoir ?

L'instruction est le moyen le plus sûr d'atteindre ce but. Il a été indiqué par les plus hautes autorités, par les plus grands patriotes.

L'Amérique n'a pas reconnu de meilleur moyen

de rendre impossible le despotisme. Washington en a fait l'objet d'un vœu suprême ; il l'a recommandée instamment à sa patrie. Jefferson, Franklin, tous les héros américains; sont unanimes.

Pourquoi une généreuse association nationale ne se formerait-elle pas pour donner le bienfait de cette instruction gratuite à la nation, principalement dans les campagnes, en même temps qu'elle en ferait respectueusement l'objet d'un pétitionnement incessant au pouvoir ?

Le patriotisme ne doit reculer devant aucun sacrifice, pour que la France ne soit pas devancée dans la civilisation par l'Angleterre, par l'Amérique, et pour lui en assurer tous les avantages.

Et rien ne serait plus propre à élever encore notre nation dans l'estime du monde, que de voir la vaillante nation française, confiante dans son génie et dans l'honneur des peuples, ouvrir la route nouvelle, en poursuivant sa grandeur dans la paix.

PIÈCES JUSTIFICATIVES.

PIÈCES JUSTIFICATIVES.

ESPRIT DES LOIS

PAR

MONTESQUIEU.

Chapitre VIII.

..... Une loi des empereurs Gratien, Valentinien et Théodose (c'est la troisième au *Crim. Sacril.*) poursuivait comme sacriléges ceux qui mettaient en question le jugement du prince, et doutaient du mérite de ceux qu'il avait choisis pour quelque emploi : *Sacrilegii instar est dubitare an is dignus sit quem elegerit imperator. Ibid.* Cette loi a servi de modèle à celle de Roger dans les *Constitutions de Naples,* titre IV. Ce furent bien le cabinet et les favoris qui établirent ce crime. Une autre loi avait déclaré que ceux qui attentent contre les ministres et les officiers du prince sont criminels de lèse-majesté, comme s'ils attentaient contre le prince même.

Quelques-uns de ces favoris conspirèrent contre leurs empereurs. Il firent plus, ils conspirèrent contre l'empire ; ils y appelèrent les barbares ; et, quand on voulut les arrêter, l'État était si faible qu'il fallut violer leur loi, et s'exposer au crime de lèse-majesté pour les punir.

C'est pourtant sur cette loi que se fondait le rapporteur de M. de Cinq-Mars [1], lorsque, voulant prouver qu'il était coupable du crime de lèse-majesté pour avoir voulu chasser le cardinal de Richelieu des affaires, il dit : « Le crime qui touche la personne des ministres des princes est réputé, par les constitutions des empereurs, de pareil poids que celui qui touche leur personne. Un ministre sert bien son prince et son État : on l'ôte à tous les deux : c'est comme si l'on privait le premier d'un bras, et le second d'une partie de sa puissance. » Quand la Servitude elle-même viendrait sur la terre, elle ne parlerait pas autrement.

---

[1] *Mémoires de Montausier*, t. I.

Chapitre XXVII.

Des mœurs du monarque.

Page 37. — Les mœurs du prince contribuent autant à la liberté que les lois : il peut, comme elles,
faire des hommes des bêtes, et des bêtes faire des
hommes. S'il aime les âmes libres, il aura des sujets;
s'il aime les âmes basses, il aura des esclaves. Veut-
il savoir le grand art de régner? Qu'il approche de
lui l'honneur et la vertu, qu'il appelle le mérite per-
sonnel. Il peut même jeter les yeux sur les talents.

Chapitre XVII.

De l'augmentation des troupes.

Page 67. — Des lois, dans le rapport qu'elles ont
avec la nature du climat.

Chapitre II.

Combien les hommes sont différents dans les divers climats.

..... Vous trouverez dans les climats du Nord des peuples qui ont peu de vices, assez de vertus, beaucoup de sincérité et de franchise. Approchez des pays du Midi, vous croirez vous éloigner de la morale même ; des passions plus vives multiplieront les crimes ; chacun cherchera à prendre sur les autres tous les avantages qui peuvent favoriser ces mêmes passions.

Page 92. — Il n'est pas vrai qu'un homme libre puisse se vendre. La vente suppose un prix : l'esclave se vendant, tous ses biens entreraient dans la propriété du maître ; le maître ne donnerait donc rien, et l'esclave ne recevrait rien.

La liberté de chaque citoyen est une partie de la liberté publique. Cette qualité, dans l'état populaire, est même une partie de la souveraineté. Vendre sa qualité de citoyen est un acte d'une telle extravagance qu'on ne peut le supposer dans un homme.

CHAPITRE VI.

Véritable origine du droit de l'esclavage.

Page 97. — Il doit être fondé sur la nature des choses : voyons s'il y a des cas où il en dérive.

Dans tout gouvernement despotique, on a une grande facilité à se vendre ; l'esclavage politique y anéantit en quelque façon la liberté civile.

M. Perry dit que les Moscovites se vendent très-aisément. J'en sais bien la raison : c'est que leur liberté ne vaut rien.

Page 142. — Il ne faut pas être étonné que la lâcheté des peuples des climats chauds les ait presque toujours rendus esclaves, et que le courage des peuples des climats froids les ait maintenus libres. C'est un effet qui dérive de sa cause naturelle.

Ceci s'est encore trouvé vrai dans l'Amérique : les empires despotiques du Mexique et du Pérou étaient vers la ligne, et presque tous les petits peuples libres étaient et sont encore vers les pôles.

Page 146. — Qu'un autre royaume du Nord ait perdu ses lois, on peut s'en fier au climat; il ne les a pas perdues d'une manière irrévocable.

Chapitre IV.

Conséquence de ceci.

Ce que nous venons de dire s'accorde avec les événements de l'histoire. L'Asie a été subjuguée treize fois; onze fois par les peuples du Nord, deux fois par ceux du Midi.

En Europe, au contraire, nous ne connaissons, depuis l'établissement des colonies grecques et phéniciennes, que quatre grands changements : le premier, causé par la conquête des Romains; le second, par les inondations des Barbares, qui détruisirent ces mêmes Romains; le troisième, par les victoires de Charlemagne; et le dernier, par les invasions des Normands.

Le Goth Jornandès a appelé le nord de l'Europe la fabrique du genre humain. Je l'appellerai plutôt la fabrique des instruments qui brisent les fers forgés au Midi. C'est là que se forment ces nations vaillantes qui sortent de leur pays pour détruire les tyrans et les esclaves, et apprendre aux hommes que, la nature les ayant faits égaux, la raison n'a pu les rendre dépendants que pour leur bonheur.

CHAPITRE VI.

Nouvelle cause physique de la servitude de l'Asie et de la liberté de l'Europe.

Au contraire, il règne en Asie un esprit de servitude qui ne l'a jamais quittée; et, dans toutes les histoires de ce pays, il n'est pas possible de trouver un seul trait qui marque une âme libre : on n'y verra jamais que l'héroïsme de la servitude.

Toutes ces petites républiques furent englouties dans une grande, et l'on vit insensiblement l'univers se dépeupler : il n'y a qu'à voir ce qu'étaient l'Italie et la Grèce avant et après les victoires des Romains.

GRANDEUR ET DÉCADENCE DES ROMAINS, CHAP. XIV.

Page 158. — Il n'y a point de plus cruelle tyrannie que celle que l'on exerce à l'ombre des lois, et avec les couleurs de la justice, lorsqu'on va pour ainsi dire noyer des malheureux sur la planche même sur laquelle ils s'étaient sauvés.

Le sénat tomba dans un état de bassesse qui ne peut s'exprimer. Les sénateurs allaient au-devant de la servitude ; sous la faveur de Séjan, les plus illustres d'entre eux faisaient le métier de délateur.

Page 147. — Auguste, c'est le nom que la flatterie donna à Octave, établit l'ordre, c'est-à-dire la servitude durable ; car dans un État libre, où l'on vient d'usurper la souveraineté, on appelle règle tout ce qui peut fonder l'autorité sans bornes d'un seul, et on nomme trouble, dissension, mauvais gouvernement, tout ce qui peut maintenir l'honnête liberté des sujets.

VOLTAIRE.

DICTIONNAIRE PHILOSOPHIQUE, P. 205.

OEUVRES COMPLÈTES.
ÉDIT. LEQUIEN. PARIS, 1822.

Il est difficile de n'être pas saisi d'indignation en lisant à la tête des *Géorgiques* qu'Auguste est un des plus grands dieux, et qu'on ne sait quelle place il daignera occuper un jour dans le ciel, s'il régnera dans les airs, ou s'il sera le protecteur des villes, ou bien s'il acceptera l'empire des mers.

Page 206. — Il n'est que trop certain que le monde fut ravagé, depuis l'Euphrate jusqu'au fond de l'Espagne, par un homme sans pudeur, sans foi, sans honneur, sans probité, fourbe, ingrat, avare, sanguinaire, tranquille dans le crime, et qui, dans une république bien policée, aurait péri par le dernier supplice au premier de ses crimes.

Ibid. — Autant qu'Auguste se livra longtemps à la dissolution la plus effrénée, autant son énorme cruauté fut tranquille et réfléchie.

Chapitre XIX.

Dépopulation de l'univers.

——

MIRABEAU.

ESSAI SUR LE DESPOTISME.

Page 119. — Le despotisme est aux royaumes ce que l'oisiveté est aux particuliers, c'est-à-dire le père de tous les vices.

Le luxe vient contribuer à les étendre; il naît à l'approche du despotisme, ou plutôt il est un des premiers échelons du pouvoir arbitraire; car la cupidité et la mollesse qu'il produit et nourrit sont les premiers symptômes et les plus puissants mobiles de la servitude, et conséquemment les premiers agents du despote : le luxe précède le despotisme, il l'introduit; mais, rapide dans ses progrès, meurtrier dans ses ravages, il a bientôt englouti l'oppresseur et l'opprimé.

Page 120. — J'ai dit que l'introduction du luxe était nécessaire aux progrès du despotisme, et j'ajoute qu'on doit se méfier toujours du gouvernement qui le protége et l'encourage : c'est le piége séducteur que les despotes dressent sans cesse, et auquel les hommes n'échappent jamais.

Alors les âmes s'énervent, et les mœurs se corrompent; alors s'élève le luxe privé, qui détruit toujours la magnificence et la richesse publiques; alors paraissent de toutes parts les fortunes illégitimes et éphémères dont les progrès fastueux détruisent l'aisance de tant de citoyens : alors on voit naître les rentiers oisifs, les célibataires scandaleux, les usures ruineuses : tous les citoyens sont en méfiance; les intérêts particuliers n'ont aucun rapport avec l'intérêt public, ou plutôt en deviennent les destructeurs. La cupidité ravage la société; car l'intérêt particulier, dont rien ne tempère plus l'ardeur dévorante, devient le foyer de toutes les passions humaines, et emprunte toute leur activité.

Page 129. — Dès qu'on estime les beaux-arts dans un autre genre qu'ils ne doivent l'être (et c'est ce qui arrive toujours), il se fait des demi-savants : bientôt l'insolence de l'histrion et du poëte, les adulations des écrivains mercenaires, les erreurs ou plutôt les faussetés imprimées, payées par le gouvernement, qui proscrit avec soin les réponses qui pourraient leur servir de contre-poison, tout se gage, tout se vend, tout s'achète, tout se mendie; et s'il est vrai, comme l'a dit un des grands écrivains de nos jours [1], que l'amour de l'argent, ou, ce qui revient au même, la considération accordée à la richesse, soit le terme extrême de la corruption, à quelle période est parvenue notre Europe toute mercantile et vénale? Le despote prodigue l'or pour en avoir encore plus; car l'or, père de la servitude, est le dieu des despotes.

[1] J.-J. Rousseau.

Page 131. — Mais je dis que les troupes réglées sont l'instrument du despotisme, comme leur institution en fut le signal. L'exemple de nos voisins n'est pas une preuve contradictoire ; eh ! ne voit-on pas, en effet, que toute constitution en Europe est dégénérée en arbitraire, et s'accélère vers le despotisme ! Les troupes réglées ont été et seront toujours le fléau de la liberté ; mais ce fléau est intolérable quand il devient le rempart des déprédations.

Pages 143, 144, 145. — On peut faire remonter cette époque à Charles VII et à Louis XI ; mais ce fut aux prodigalités de François Ier et à nos malheureuses guerres d'Italie qu'on en dut les tristes progrès ; ce fut surtout à l'admission des Italiens dans les affaires de France par Catherine de Médicis.

Le règne des Italiens fut odieux et infâme sous Henri II et ses fils. Sully arracha bien quelques feuilles à cet arbre parasite et vorace ; mais il avait laissé le tronc et les branches, qui ont si fortement repoussé depuis.

Page 168. — Dans cet ordre féodal, dont on a tant médit, c'était du moins une maxime constante que nul homme ne pouvait être taxé que de son consentement. Ce principe renferme le premier droit et le premier garant de la liberté ; car les despotes corrompent et séduisent avec l'or : ils gagnent des satellites, des espions, des délateurs, et les vexations illégales se multiplient à mesure que la soif de l'or augmente et que la facilité de s'en procurer diminue.

Page 184. — Ceux qui ont osé nous vanter le des-

potisme oriental, et auxquels l'indignation publique
n'a pas interdit l'eau et le feu, doivent attaquer la liberté, dont ils ne sont pas dignes. Mais il est encore
des hommes honnêtes qui déploreront le stupide aveu-
glement des uns, et frémiront en entendant les autres.
Les apologistes du despotisme devraient être déclarés
ex-léges, c'est-à-dire destitués de toute protection de la
part du roi et de la loi, infâmes, indignes de toute
créance, déchus de tous droits et inhabiles à tous devoirs de citoyen ; car ils outragent également les rois
dont ils profanent l'autorité, la loi qu'ils foulent aux
pieds, et les hommes dont ils cherchent à anéantir les
premiers et les plus sacrés des droits. (Pages 206 et
207, et 223, 224, 225. *Sur la liberté de la presse,*
voir 423, 424, 425 et 427.)

D'homme à homme, les droits sont toujours respec-
tifs. La propriété personnelle ne peut se livrer.

La liberté ne pourrait s'aliéner : ce premier don de
la nature est imprescriptible, et les hommes, même
dans leur délire, ne sauraient y renoncer.

DIX ANS

D'ÉTUDES HISTORIQUES

PAR

AUGUSTIN THIERRY.

Page 4. — On invoque à grands cris l'ancienne sagesse, l'instinct des premiers temps, au lieu d'en appeler aux lumières du temps présent et à ses propres inspirations[1].

Page 18. — *Subjecti*, de *subjicere*. Ce mot ne signifiait point la subordination politique, mais la soumission aux vainqueurs. Cinq cents ans après la conquête, on en faisait encore la différence. La reine Élisabeth, dans ses discours au parlement, n'appelait pas sujets les hommes sur qui elle n'avait que la

---

[1] La révolution d'Amérique est la seule, parmi les plus récentes, que l'amour de l'antiquité n'ait pas fourvoyée. Les Anglais se sont jetés dans les mœurs des Hébreux et des premiers chrétiens ; les Français, dans les mœurs des Romains et des Grecs.

prééminence de l'autorité, mais elle donnait ce nom aux membres des communes, pour exprimer qu'elle avait sur eux une autre sorte de pouvoir. La formule était : My right loving lords, and you my right faithful and obedient subjects.

Très-affectionnés seigneurs ou maîtres, et très-fidèles et obéissants sujets.—Echard's, History of England.

Page 225. — Quand les légions de César passèrent le Rubicon, elles venaient conquérir pour César toutes les magistratures romaines ; cette conquête, dont le premier favori des soldats devenus traîtres ne jouit pas longtemps, grâce à Brutus, fut, par de nouveaux actes de trahison, assurée dans la suite à ceux qui héritèrent après lui de la faveur militaire. C'est ainsi que le simple titre de général aimé des troupes, *imperator*, renferme *en lui seul tous les pouvoirs et tous les droits ;* c'est ainsi qu'au dedans de Rome, le chef heureux que les légions de Germanie ou de Pannonie avaient élevé sur leurs boucliers, devint le protecteur unique, l'unique vengeur de tous les intérêts civils, le représentant des comices, l'électeur des consuls, le président du Sénat ; tandis qu'au dehors, image de Rome tout entière, il exerçait, *pour son seul profit,* le despotisme collectif que le peuple, ci-devant roi, s'était arrogé sur les peuples vaincus par ses armes.

Depuis ce temps, il n'y eut plus de Rome ; il y eut une cour et des provinces : nous n'entendons pas par ce mot ce qu'il signifie aujourd'hui dans les langues vulgaires, mais ce qu'il signifiait primitivement dans la langue romaine, un pays conquis par les armes ; nous voulons dire que la distinction primitive entre Rome conquérante et ceux qu'elle avait soumis s'établit alors entre les hommes du palais et les hommes qui étaient hors du palais ; que Rome elle-même ne vécut plus que pour une famille, pour une poignée de courtisans, comme autrefois les nations asservies par elle n'avaient vécu que pour elle. *C'est alors que le nom de subjugués, subjecti,* que notre langue a corrompu dans celui de *sujets,* fut transporté des habitants vaincus de l'Orient ou des Gaules aux habitants victorieux de l'Italie, attachés désormais au joug d'un petit nombre d'hommes, comme les autres l'avaient été à leur joug, propriété de ces hommes, aussi bien que les autres avaient été leur propriété, dignes, en un mot, de ce titre dégradant de sujets, *subjecti,* qu'il faut prendre à la lettre. Voilà l'ordre des choses qui, depuis Auguste, s'accomplissait graduellement ; chaque empereur se faisait gloire de hâter le moment de sa perfection ; Constantin y donna le coup de maître.

Mais, depuis l'élection de Hugues, surnommé Capet, la race des Franks, se voyant établie invinciblement sur les terres gauloises, relâcha, par indolence, les liens de son antique discipline ; elle s'isola, et laissa ses chefs s'isoler d'elle, se perpétuer à plaisir dans le commandement et le transmettre sans contrôle à leurs fils. Il est vrai qu'alors ce commandement ne devint plus lui-même qu'un simple titre, sans droits réels ;

mais aussi le public n'eut plus de droits sur celui qui gardait ce titre.

Cantonné librement, comme chaque membre de la nation victorieuse, dans la portion du territoire qui lui appartenait en propre, il put à son gré, avec le secours de sa puissance personnelle, machiner l'asservissement de ses compagnons et la ruine de leur état social. C'est ce que les rois des Franks entreprirent ; et ce plan, poursuivi par eux pendant plusieurs siècles, fut couronné d'un plein succès. Ils se fortifièrent dans leurs domaines héréditaires, en gagnant, par une meilleure condition de servitude, les hommes dont la conquête les avait rendus possesseurs. Le désir de pareilles concessions leur attira une sorte de confiance de la part de tout le peuple vaincu, et, à l'aide de cette confiance et de leur propre force, ils s'attribuèrent la possession exclusive de ce peuple ; en déclarant, comme un axiome de droit antique, que la terre conquise était au *roi*, dans l'espace de quelques siècles, les hommes sujets de tous les Franks devinrent, de nom et de droit, *les sujets* du seul chef des Franks.

Page 90. — L'asile inviolable que le peuple de Hollande offrait aux patriotes anglais allume contre cette nation libre la haine des maîtres de l'Angleterre ; Charles II lui déclare la guerre sous de faux prétextes de commerce. — Ses flottes assaillirent à l'improviste les navires des marchands bataves, qui, loin de se venger par de lâches représailles, publièrent que les Anglais étaient leurs amis, et qu'en s'armant contre leur despote, ils croyaient combattre pour eux. — La nation anglaise désira leur victoire; et quand Ruyter et de Witt brûlèrent, à la vue de Londres, les vaisseaux de Charles II; quand Charles II effrayé demanda des secours au parlement, le parlement, pour toute réponse, dressa un bill qui licenciait toutes les troupes. Les esprits superficiels auront peine à comprendre cette conduite, inspirée par un patriotisme plus haut que le patriotisme vulgaire.

Le roi ne s'étonna point de voir ceux dont sa puissance détruisait la liberté unis d'intérêt et d'espoir avec le peuple libre dont il poursuivait la perte.

Il suspendit l'exécution de ses projets; mais, durant la trêve, il médita un plan plus vaste. Il réfléchit qu'il n'était pas le seul roi en Europe, et qu'ainsi il y avait des hommes que devait importuner, comme lui, la vue de l'indépendance hollandaise : il pensa à Louis XIV.

Ce trait de lumière, qui apparaissait à Charles II, frappa vivement le roi de France; une alliance secrète fut conclue, et les deux monarques s'engagèrent à s'armer de toutes leurs forces contre les Provinces-Unies, à détruire le gouvernement de ces provinces, et à rendre aux princes d'Orange leur autorité absolue.

Page 253. — La liberté, premier besoin, première condition sociale, nulle part n'a disparu que devant la force, que devant la conquête à main armée. C'est la terreur seule qui a fait des esclaves parmi les hommes de toutes les races. Ouvrez l'histoire au point que vous voudrez, prenez au hasard le climat et l'époque; si vous rencontrez une peuplade d'hommes, soit éclairés, soit encore sauvages, vivant sous un régime de servitude, soyez sûrs qu'en remontant plus haut vous trouverez une conquête, et que ces hommes sont des vaincus. Pareillement, si vous remarquez une population cantonnée dans des lieux peu accessibles qui l'ont défendue contre l'invasion d'une race étrangère, soyez sûrs qu'en la visitant vous trouverez la liberté. Cette distinction perpétuelle est la clef de l'histoire sociale.

Page 246. — L'homme que les Franks appelaient chef ou roi, même au premier rang, n'agissait jamais sans leurs conseils, et subissait leurs jugements sur ses actes. Plusieurs rois de la première et de la seconde race furent dégradés du commandement suprême pour cause d'inhabileté ou de mauvaise conduite.

Page 248. — Ainsi donc, le mot *roi* n'a signifié dans notre langue un homme au profit de qui est anéantie la liberté des autres hommes que par le hasard d'une conquête faite à main armée, d'abord par des peuples sur d'autres peuples, ensuite par les chefs des peuples vainqueurs sur les peuples vainqueurs eux-mêmes.

Page 299. — On ne voit pas sans attendrissement, sur la carte de cette contrée si libre, des noms de ville empruntés à toutes les nations de l'Europe, les noms de Paris, de Rome, de Lisbonne, et jusqu'au nom d'Athènes. Toutes les terres européennes ont fourni leur contingent à cette heureuse population, comme pour prouver au monde que la liberté convient à tous et n'est le propre de personne.

. . . Tous, tant que nous sommes, l'Amérique est notre asile commun. De quelque parti du vieil univers que nous fassions voile, nous ne serons point étrangers dans le nouveau : nous y retrouverons notre langue, nos compatriotes, nos frères. Si, ce que la destinée ne permettra pas sans doute, la barbarie des vieux temps prévalait contre l'Europe nouvelle ; si ceux qui ont frappé les communes du nom d'exécrables, et ceux qui nous jurent encore la guerre au nom de leurs aïeux, ennemis des nôtres, l'emportaient sur la raison et sur nous, nous aurions un secours que n'eurent pas nos aïeux; la mer est libre, et un monde libre est au delà. Nous y respirerons à l'aise, nous y retremperons nos âmes, nous y rallierons nos forces.

Page 265. — Ces formules, dont notre langue est depuis si longtemps déshabituée, semblent presque, au premier abord, n'être que des fictions oratoires; et tel doit être notre sentiment involontaire à nous Français, qui, depuis trente années, ne connaissons plus de droits, que les droits déclarés à Paris, de libertés, que les libertés sanctionnées à Paris, de lois, que les lois faites à Paris.

Pourtant, ce n'étaient point alors de simples mots vides de sens ; alors le patriotisme français se doublait en effet dans un patriotisme local qui avait ses souvenirs, son intérêt et sa gloire. On comptait réellement des nations au sein de la nation française : il y avait la nation bretonne, la nation normande, la nation béarnaise, la nation de Bourgogne, d'Aquitaine, de Languedoc, de Franche-Comté, d'Alsace. Ces nations

distinguaient, sans se séparer, leur existence individuelle de la grande existence commune; elles se déclaraient réunies, non subjuguées; elles montraient
les stipulations authentiques au travers desquelles
leur réunion s'était faite; une foule de villes avaient
leurs chartes de franchises particulières; et quand le
mot de constitution vint à se faire entendre, il ne fut
point proféré comme une expression de renoncement
à ce qu'il y avait d'individuel, c'est-à-dire de libre,
dans notre vieille existence française, mais comme le
désir d'une meilleure, d'une plus solide, d'une plus
simple garantie de cette liberté trop inégalement,
trop bizarrement empreinte sur les diverses fractions
du sol.

Tel fut le vœu qui accompagna les députés à la
première assemblée nationale; tel fut leur mandat,
au moins en instruction.

IDÉES SUR LA PHILOSOPHIE

DE

L'HISTOIRE DE L'HUMANITÉ

PAR HERDER

LEVRAULT. — PARIS, 1834, t. III, page 39.

———

Crassus, qui, dans Jérusalem seulement, s'empara de plus de dix mille talents, suivit les mêmes traces ; et nul ne s'avança vers l'Orient sans revenir chargé de richesses et de vices, quand cependant le retour fut possible.

Quelles compensations les Romains laissèrent-ils aux Asiatiques? Sont-ce des lois, du repos, des institutions, des arts, des peuples nouveaux? Ils ont ravagé toutes les contrées, brûlé les bibliothèques, dépouillé les villes, les temples, les autels. Une partie de la bibliothèque d'Alexandrie est livrée aux flammes par Jules César ; Marc-Antoine abandonne à Cléopâtre celle de Pergame presque en entier, afin que toutes deux soient détruites dans le même lieu. Ainsi les Romains, en se vantant de répandre le jour dans l'univers, l'enveloppaient peu à peu d'une nuit profonde. Pendant que des tributs odieux étaient extorqués de toutes parts, les peuples périssaient, et la longue expérience des siècles allait avec eux s'engloutir dans l'abîme. Les caractères nationaux s'effacèrent enfin brusquement, et les provinces furent épuisées, ravagées, désolées, sous une suite d'exécrables empereurs.

Je ne puis dire si ce n'est pas avec un sentiment de tristesse plus profonde encore que j'assiste par la pensée aux désastres de l'Espagne, des Gaules et des peuples du Nord, sur lesquels les Romains appesantirent leur joug. Au moins les nations qu'ils détruisaient dans l'Orient avaient porté leurs fruits ; déjà elles commençaient à se faner. Au contraire, celles dont nous parlons ici, éloignées encore de leur maturité, mais pleines de séve et de vigueur, furent tellement froissées et foulées aux pieds dans la première époque de leur croissance, que dans plusieurs d'entre elles on a peine à distinguer le genre et la famille auxquels elles appartenaient.

Page 42. — La religion de leurs pères, leur civilisation, leur nom, tout disparut dans la contrée entière, qui ne fut plus qu'une province romaine.

T. III, p. 52. — Ainsi Rome flétrit, énerva, dépeupla par degrés l'Italie, en sorte qu'il fallut des flots de nations barbares pour lui rendre à la fin de nouveaux habitants, de nouvelles lois, de nouvelles coutumes, une nouvelle vie ; mais ce qui avait cessé d'être ne revint pas à l'existence. Albe, Véies et Camérie, la plupart des villes des Étrusques, des Latins, du Samnium, de l'Apulie, avaient été détruites. De frêles colonies, établies sur leurs ruines, ne rétablirent ni leur ancienne dignité, ni leur nombreuse population, ni leur industrie, ni leurs arts, ni leurs lois, ni leurs coutumes. Il en fut de même de toutes les républiques florissantes de la Grande Grèce : Tarente, Crotone, Sybaris, Cumes, Locres, Thurium, Rhégium, Messine, Syracuse, Catane, Naxos, Mégare, n'étaient plus ; la plupart d'entre elles avaient été renversées ou réduites en cendres.

ESSAI

SUR L'HISTOIRE DU GOUVERNEMENT

ET DE

LA CONSTITUTION BRITANNIQUE

PAR

LE COMTE JOHN RUSSELL.

Paris. — E. DENTU, Libraire - Éditeur. — 1865.

Sur la liberté de la presse.

Page 305.— Quiconque examine les gouvernements célèbres de l'antiquité ou ceux des temps modernes qui n'ont pas toléré la liberté de la presse, doit être frappé de les voir déchus, non par l'effet d'aucun vice inhérent à leurs institutions, mais par la perte graduelle de la vertu nationale et par la corruption du peuple même aussi bien que de ses chefs.

Page 307. — ... Un des effets les plus remarquables de l'opinion publique, qui mérite d'être cité, est peut-être l'intégrité personnelle de nos hommes d'État sous le rapport pécuniaire.

... Mais le plus grand bienfait de la publicité est de corriger et de neutraliser les vices de nos institutions, quand elle ne les fait pas immédiatement disparaître.

DISCOURS

PRONONCÉ A LA CHAMBRE DES COMMUNES

PAR

LORD MACAULAY

LE 19 AVRIL 1847 [1].

Page 252. — Je dis donc, mylords, que si la science
du gouvernement est une science expérimentale, la
question est décidée. Nous sommes dans le cas d'appliquer le procédé d'induction selon les règles posées
dans le *Novum Organum.* Il y a là deux nations étroitement unies, habitant la même île, issues du même
sang, parlant la même langue, gouvernées par le
même souverain, par la même législation, ayant essentiellement la même foi, ayant les mêmes alliés et
les mêmes ennemis. De ces deux nations, l'une était,
il y a cent cinquante ans, quant à l'opulence et à la
civilisation, au plus haut rang parmi les nations de
l'Europe. La nation opulente et hautement civilisée
laisse l'éducation du peuple à la libre compétition.
Dans la nation pauvre et à demi barbare, l'État en-

---

[1] *Speeches by Macaulay,* édition Tauchnitz.

treprend l'éducation du peuple. Le résultat est que la première devient la dernière et la dernière devient la première. Le commun peuple d'Écosse, il ne servirait à rien de déguiser la vérité, a dépassé le commun peuple d'Angleterre. La libre compétition, essayée avec tous les avantages, a produit des effets dont, comme nous l'affirme l'union congrégationnelle, nous devons être honteux, et qui doit nous abaisser dans l'opinion de tout étranger intelligent. L'éducation de l'État, entreprise avec tous les désavantages, a produit une amélioration telle qu'il serait difficile de trouver la pareille dans aucun siècle et dans aucune contrée. Une telle expérience serait regardée comme concluante en chirurgie ou en chimie, et doit, je pense, être regardée comme également concluante en politique.

Page 261. — L'honorable membre pour Finsburg dit que nous demandons à des gens de contribuer à leur éducation, dont ils ne doivent retirer aucun bénéfice. Je dénie qu'il y ait dans cette contrée un homme honnête et industrieux qui ne retire aucun bénéfice de vivre au milieu de voisins honnêtes et industrieux, plutôt qu'au milieu de débauchés ou de vagabonds. C'est là une affaire d'intérêt public aussi importante que la défense de nos côtes. Supposez que je vienne à dire : « Pourquoi me taxez-vous pour fortifier Portsmouth? Si le peuple de Portsmouth pense qu'il ne peut être en sûreté sans bastions et sans fossés, que le peuple de Portsmouth paye les ingénieurs et les maçons. Pourquoi supporterais-je les charges de travaux dont je ne retire aucun avantage? » Vous me répondriez, et avec beaucoup de raison , qu'il n'y a personne dans cette île qui ne retire un avantage de ces travaux , soit qu'il habite ou n'habite pas au milieu d'eux. De même que tout homme , dans quelque partie de cette île qu'il habite, est tenu de contribuer à l'entretien de ces arsenaux qui servent à la défense commune, par la même raison tout homme , à quelque secte qu'il appartienne, est tenu de contribuer à l'entretien de ces écoles , sur lesquelles, non moins que sur nos arsenaux, repose notre commune sécurité.

Page 262. — J'en appelle avec confiance des clameurs de nos accusateurs à la nation à laquelle nous allons avoir, dans un temps assez court, à rendre compte de notre conduite. J'en appelle avec encore plus de confiance aux futures générations, qui, tandis qu'elles jouiront de tous les bienfaits d'un système impartial et efficace d'instruction publique, auront de la peine à croire que les auteurs de ce système ont eu à combattre une opposition véhémente et obstinée, et encore plus de peine à croire qu'une pareille opposition a été faite au nom de la liberté civile et religieuse.

Paris. — Imprimerie de Ad. Lainé et J. Havard, rue des Saints-Pères, 19.

www.ingramcontent.com/pod-product-compliance
Lightning Source LLC
Chambersburg PA
CBHW072227270326
41930CB00010B/2031